한국적 교양의 실패와
여자들의 공부론

장숙강 시리즈 02

한국적 교양의 실패와
여자들의 공부론

김영민 지음

글항아리

서언

두 번째 강연집을 냅니다. 제목에 다 담지 못하는 여러 주제와 주장, 탐색과 대화까지 작은 선물처럼 배송되기를 바랍니다. 책을 읽지 않고 글을 쓰지 않는 날이 없어 내 생각의 탑은 직립의 노동을 알고 있지만, 그 탑의 어두운 구석은 독자들의 질긴 개입으로 더 밝아질 것입니다. 서로 마주 보면서 응하는 강연이었기에, 더욱 글의 행간은 강의장의 수많은 마음 사이로 잠시 피었다가 사라져 간 이해와 오해, 탄식歎-과 감탄-歎, 미소와 냉소, 후회와 희망, 저항과 감사로 치면해 보입니다. 어쩌면 생활이 부실한 탓에 긴 세월 글쓰기를 일삼고 있으나, 서로 간에 이 글로써 다시 나은 생활을 희망할 수 있기를, 알기나 돕기보다 견실해야 할 '되기'의 공부를 이룰 수 있기를 바랍니다. 그 모든 사상 속에는 함부로 잊힌 감사의 적바림이 배어 있지요. 서언으로 이 책이 나오도록 도운 이웃들의 손길을 가만히 만질 수 있기를 빕니다.

2025년 10월 23일, 端甫 김영민

차례

서언 5

1장
식당의 인문학: 거래와 환대의 윤리를 위하여 9
1. 정서
2. 짜증
3. 주체, 혹은 '~을 향한 존재'
4. 예禮
5. 신뢰
6. 내가 좋아하는 식당은 왜 모두 망하는가

2장
해석하는 인간: 행지行知와 해석학의 실용적 전환 31
1. 해석과 인간의 일
2. 행지와 해석의 생산성
3. 해석은 삶이다: 인정과 호오의 문제
4. 삶의 구제와 실용적 해석학
5. '모른다'의 정화와 '조심'의 슬기

3장
'잔인하지-않기'에서 신뢰까지: 사회 윤리의 새 지평 53
1. 최대주의 윤리의 역설
2. '잔인하지-않기'의 윤리
3. 신뢰라는 무내용의 이상
4-1. 이승만과 4·3사건
4-2. 전두환과 5·18
4-3. 김대중의 눈물
4-4. 박근혜와 세월호
4-5. 윤석열과 이태원
5. '잔인하지-않기'의 꿈

4장

누적적 계기론: 방법, 방편, 계기, 자득, 구제 87

1. 방법
2. 방편
3. 계기
4. 자득
5. 구제

5장

개념으로 길을 열고 시로써 누리다 125

1. 모른다-모른다-모른다
1-2. 다시, 시작한다
2. 몸을 끄-으-고, 혹은 근본실용주의
3. 알면서 모른 체하기
4. 시의 강
5. '최고의 삶은 연극적'이다
6. 현복지 혹은 공동의 노동
7. 개입
8. 조각난 지혜

6장

'윤석열 현상'과 한국적 교양의 실패 151

1. 왜 왕을 죽일 수 없는가
2. 능력주의 혹은 선발주의
3. 한국적 근/현대화와 교양의 실종
4. 느낌에서 누림으로
5. 새로운 주체, 학인으로서의 시민

7장
여자들의 공부론 173

1. 춘성무처불비화春城無處不飛花
2. 여자들의 몸, 제도를 바꾸기
3. 여자들의 '누림'
4. 약자의 공부론
5. 여자의 말을 배우기
6. 자유와 자득과 자중

8장
글쓰기의 인문학 197

1. 복잡성의 글쓰기, 현상을 구제하지 못하는
2. 일리의 글쓰기
3. 우회로서의 글쓰기, 혹은 글쓰기의 인간학
4. 우회로서의 글쓰기(2) 주석과 비평
5. 우회로서의 글쓰기(3) 생각이 아닌 글쓰기
6. 챗GPT의 경우
7. 글쓰기의 물신, 그 육체와 장소감

9장
사상이란 무엇인가: 빚진 정신의 감사와 마음의 길 221

1. 사상은 심리적 변덕과 역사적 요동을 뚫어내고 '길게' 발효와 숙성을 계속해온 정신 진화의 산물이다
2. 모든 사상은 빚진 자의 감사感謝가 된다
3. 사상은 마음의 길을 낸다
4. 사상의 실제, 두 가지 유형
5. 사상은 정신적 항상성恒常을 추구하며, 삶을 더 낫게 살게 하는 매개다
6. 사상과 수행

주 242
찾아보기 253

1장
식당의 인문학:
거래와 환대의 윤리를 위하여

이번 서촌 장강藏講에서는 '식당의 인문학'이라는 주제로 강의합니다. 공부나 종교나 정치나, 그 모든 게 '인간의 일'이라는 조건에서 벗어나지 못하며, 특히 먹는 일의 사회성은 인간의 행위를 짐승의 행동과 구분짓는 기원적이면서도 결정적인 가치를 지닙니다. 음식은 그 자체로 아직 문화가 아닐 수 있지만, 식탁은, 어울려 먹기는, 그리고 이 어울림에 동원되는 각종 형식과 윤리는 탁월한 문화a culture of excellence입니다. 이 강의에서 '식당'은 이런 형식과 윤리를 요구받는 문화사회적 제도이자 매개입니다.

물론 논의의 배경은, 한국 사회에서 특징적인 직인職人/상인 문화나 그 윤리의 부재입니다. 근대적 사회란 쉽게 말해 농민이었던 백성이 시민이라는 상인商人으로 변모하는 시공간입니다. 거의 모든 곳이 시장이 되어 재화財貨가 일상적이고도 전방위적으로 유통되면서 이에 따른 제도와 문화가 삶의 형식을 안정적으로 이루게 됩니다. 그러나 한국 사회는 이미 잘 밝혀진 갖은 문제점에 떠밀려 시장자본주의적 합리화에 필요한 문화나 기풍ethos을 제대로 갖추지 못했습니다. 특히 우리가 일상에서 늘 접하고 이용하는 자영업소의 정신문화적 난맥상은 정도를 넘어섰으며, 소통과 거래를 하며 살 수밖에 없는 우리는 이로써 우리 자신의 행태와 습관과 무지 속에서 심신을 소모하고 에너지를 낭비하며, 자칭하는 '선진국'의 실제를 스스로 부인하고 맙니다. '선진'이란 무엇보다 정신이고 기풍이며, 문화고 행태며, 사회적 신뢰이고 인문학적 감성이기 때문입니다.

강의의 배경과 취지는 이처럼 전방위적으로 뻗어나가지만, 그 소재는 내가 긴 세월 이용했던 자영업소, 그중에서도 특히 식당에 집중됩니다. 이 공간을 이용할 때마다 느꼈던 어떤 비평적 안타까움이 오래 쌓이던 중에 스스로 말길이 생긴 것은 당연합니다. 이 문제의식은 우리 사회의 총체적 웃자라기 및 정신문화적 거칢荒의 기원과 연결되었고, 누구든 시장자본주의를 피할 수 없는 이상, 거래와 환대의 윤리에 따른 고민 속에서 이를 탐색해보지 않을 도리가 없습니다. 공부나 인문학은 무엇보다 '사람의 일'이고, 또 그것은 근사近思에서 시종始終하는 법입니다. '식당의 인문학'이란, 내적으로는 인문학의 성격에서 적실한 주제이고 외적으로는 한국 사회의 일상을 어지럽히며 그 사회적 신뢰도를 훼손하는 당면 과제이기도 한데, 이번 강의에서는 식당의 문턱을 넘어서는 이가 겪어야만 하는 생활세계적 소외와 그 난맥상을 통해 다시 우리 자신의 자화상을 그릴 것입니다.

1. 정서

'표현인간학'이라고도 하듯이 사람의 정서는 표현된 것이며, 그중 일부는 이미 꽤나 굳어져 심성心性처럼 보이기도 한다. 그래서 표현은 한쪽이 본능에 닿아 있기도 하지만 다른 한쪽은 책임을 요하는 사회적 관계의 지표가 되기도 한다. 쉽게 짐작되듯 심성이나 태도, 그리고 그 표현이 고운 사람들 사이에 섞여 지내는 일은 완악하고 표독한 이들 중에 끼어 있는 경험과 비교할 수 없다. 그런 뜻에서, (비록 하이데거처럼 심오한 지적까지는 아니더라도) 생활정서Lebensstimmung는 우리 삶의 질을 규정하는 기본적인 여건이 된다. 역사나 사회구조적 분석 없이도, 우리는 소소한 일상의 외출 중 거쳐가게 되는 상가나 여러 형태의 거래처 경험을 통해 우리 사회를 휘어잡고 있는 정서의 흐름과 길들을 쉽게 알아차리게 된다. 예를 들어 여성들이 택시를 타면서 겪는 불쾌하거나 난감한 경험들은 나 역시 헤아릴 수 없을 만큼 들어 알고 있다. 택시라는 자리를 둘러싸고 있는 우리 나름의 (지체된) 생활정서가 분명한 것이다. 그리고 이러한 정서는 생활세계Lebenswelt가 어떤 문화와 제도와 태도에 의해 저당잡혀 있는지를 잘 보여주는 지표가 된다.

마르크스(주의)의 전형적인 주장에 의하면, 한 사회에 특수한 형태의 정서, 환상, 습관 등의 상부구조가 기동하는 데에는 소유의 형태나 존재의 사회적 조건으로 구성된 하부 구조가 전제된다. 이처럼 우리의 사회적 일상 속에서 자주 경험하는 짜증과 찜부럭의 정서, 경거輕擧나 무례의 태도, 그리고 자기중심적 과욕의 행태에는 한국식 졸부자본주의와 이에 따른 직인 문화의 부재, 그리고 상업 윤리의 왜곡이 자리하고 있다. 인문주의적이며 합리적인 상업 문화나 거래와 환대의 윤리는 하룻밤에 생겨나지 않는다. 현금의 사회는 넓은 의미에서 전방위적 상인/소비자의 세상인데, 이는 전근대사회의 구조나 성격과는 판이하지만, 알다시피 우리에게는 이 두 세상을 '법고창신적'으로 연계해주는 정신문화적·윤리적 결구 장치가 없다. 이른바 '과거 청산식 근대화'의 후과를 겪고 있는 것이다. 마르크스식으로 말해서, 변화한 하부구조와 이에 따른 상부구조가 서로 어긋나거나 소외된 상태의 구조물처럼 삐걱거리는 중에 실없이 과중한 사회적 신뢰의 비용을 치르면서 어쭙잖게 버티고 서 있는 것이다. 한때 '유교자본주의'라는 용어가 없지 않았지만, 이는 동아시아 국가들에서 일시적으로 가능했던 급속한 자본 팽창과 기술 혁신의 속도를 해명하기 위해 동원된 만능장치deux ex machina의 일종에 불과했다. 그것으로는, 비교하자면 서구의 프로테스탄트 윤리(막스 베버)나 일본의 장인문화적 전통처럼 애초에 인문주의적 생활세계의 윤리적 규제력을 얻기는 어려운 일이었다. 직업 윤리, 거래의 문화, 그리고 환대의 인문학이 내재화되어 있지 않은 사회에서 식당과 같은 자영업자의 어떤 일관된 표현과 태도와 정서를 기대할 수는 없는 노릇이다.

2. 짜증

한恨 많은 민족이라더니, 정작 일상의 소통과 거래의 자리에서 거듭 만나는 것은 짜증이다. 전근대적 한은 근현대적 실핏줄 같은 일상의 다단한 분화와 함께 역시 지리멸렬한 짜증과 행짜로 쪼개지고 말았다. '제때 분노할 줄 알아야 함'(스테판 헤셀)이라거나 '나는 왜 작은 일에만 분개하는가'(박완서)라는 문제와는 별개로, 내가 일상에서 만나는 자영업자들의 자리에서 늘 마주치는 것은 짜증이다. 사람의 세상에서 벌어지는 일은 늘 상호적이며, 흔히 그 경험에 대한 판단에는 내 개입의 효과가 마치 맹점처럼 가려져 있기 때문에 문제를 말끔히 인식하기란 쉽지 않다. 하지만 이 짜증의 사실만은 사뭇 객관적인 것처럼 보인다. 나는 독신으로 오래 지내면서 긴 세월 외식外食을 해오기도 했지만, 식당과 같은 상거래처에서 만나는 무례와 짜증은 주관적인 관찰만이 아니라 그동안 수많은 지인이 합창하듯 입을 모은 지적이기도 하다. 게다가 1980년대 말의 4년을 미국의 중소 도시에서 생활했고, 지난 10여 년간 일본을 수십 차례나 잦다녀본 터에 생긴 비교의 시각에 보더라도 이러한 판단은 외려 더 강화된다.

짜증은 그야말로 일상의 것이다. 일상의 소소한 일에서 어긋나고 부딪치고 속고 당하면서 생기는 자연스러운 표면적 정서이며, 앞서 말했듯이 이러한 표현과 태도는 꽤나 굳어져 마치 심성의 일부처럼 보이기도 한다. 사회학적·심리학적 분석 이전에, 개인의 정서와 태도에서 짜증과 찜부럭이 빈발하는 것은 내가 말해 온바 (집단적으로) '마음의 중심'이 높아 경조부박輕躁浮薄하게 된 모습일 것이다. 특별히 이런 식으로 문제를 언급하는 평자나 학인이 없긴 하지만, 모방되고 전염되는 이 짜증의 현상은 식민지와 전쟁, 개발독재와 졸부자본주의를 거치면서 세계화와 선진국을 자칭하는 지금까지도 여전한 표층근대화의 갖은 그늘과 생채기 속에서 서식하고 번성한다.

3. 주체, 혹은 '~을 향한 존재'

언젠가 편의점에 들렀다가 겪은 일이다. 무언가를 골라서 계산차 점원에게로 다가갔다. 손님은 나밖에 없었고, 서른쯤으로 보이는 남자 점원은 마침 누군가와 통화를 하고 있었다. 나는 자영업자와 그 직원들이 손님들에게 노출하지 말아야 할 모습 중 하나로 타인과 사사롭게 통화하는 것을 든다. 근무 중에 사적인 통화를 하는 짓은 여러 뜻에서 적절치 않아 보인다. 공사公私를 준열히 구별하고 이에 따라 노동을 배치하는 것은 우선 전문성의 확보라는 면에서 가장 기초적인 미덕이다. 매사 전문성은 고르고 안정적인 집중의 행위 속에서 길러지는 법인데, 공사가 뒤섞이고 이로써 손님을 향한 서비스가 사사화私事化, 비균질화되는 것은 아마추어적일 뿐 아니라 결국 주인과 손님 누구에게도 유익하지 않다. 심지어 점원이 사적 용무와 쾌락을 위해 짬과 구석을 얻고자 하는 꾀바른 행동에 끄달리면 접대와 거래의 윤리를 훼손하게 된다. 밀양에 거주하는 동안 내가 늘 이용했던 '탑마트'라는 대형 슈퍼에서 흔히 목도한 것은 직원들이 키 높은 가판대 사이에 숨어 사사로운 휴대폰 통화를 일삼는 장면이었다. (예를 들어 내가 일본의 편의점이나 슈퍼에서 경험한 풍경은 경탄스러울 정도로 우리와는 대조적이어서 차라리 '대조'를 회피하는 게 이 글의 현실성을 제고하게 할 것이다.) 그(편의점 직원)는 무엇엔가 화가 난 듯 살짝 상기된 표정이었고, 바야흐로 통화의 음성이 거칠어지고 있었다. 나는 심상히 카

운터에 곁붙어 상품을 내밀면서 계산을 요구하는 시늉을 했다. 점원은 왼손을 내 쪽으로 뻗어 나를 제지하는 손짓을 했고, 오른손으로는 휴대폰을 귀에 바짝 붙였다. 수화기로부터는 새된 여자의 음성이 삐져나오고 있었다. 점원은 자신의 정서에 지펴 있었고, 내게는 짜증스러운 시선마저 흘렸다.

브레이크타임이 명확하지 않은 식당에서는 손님이 식사를 하는 중인데도 직원들이 한쪽에 따로 배설한 식탁에 모여 만찬(?)을 즐기는 풍경을 나는 적잖이 목격했다. 달팽이처럼 어느 구석엔가에서 멀겋게 기어나와 졸린 눈을 비비면서 나처럼 엉뚱한 시간에 찾아드는 손님의 주문에 하품으로 응대하는 아주머니들도 내가 자주 접하는 모습이다. 제 아이 남의 아이 할 것 없이 야생의 족제비처럼 풀어놓아 식당 내부를 난장판으로 만드는 짓을 두고도 나를 포함한 어느 손님 하나 '내 아이'라는 21세기의 성역聖域을 감히 건드리진 못한다. 그나마 국물 맛이 좋아 가끔 찾던 밀양의 어느 대구탕집 사장은 손님을 접대하는 짧은 시간 외에는 경차의 지붕 크기만 한 TV를 빵빵 켜놓고선 혼자 웃고 혼자 떠들곤 한다. 문화와 제도가 미비한 채로 개인들의 선택과 그 이해관계를 먼저 나무라기는 어렵다. 이미 정해진 삶의 선들과 그 압력을 개인의 계몽과 윤리에 의해 맞상대하는 것은 결코 쉽지 않기 때문이다. 이것이야말로 '비도덕적 사회 속의 도덕적 개인'(라인홀드 니부어)의 딜레마이지만, 상거래에 뛰어든 개인은 전문성의 책임과 환대의 윤리라는 보편성에 터해서 운신해야만 한다. 시스템의 논리가 개체의 가능성 전체를 포괄할 수는 없는 법이고, 언제나 전체성을 넘어가는 개인들이 존재하는 법이기 때문이다.

어떤 분야에서든 전문성을 얻으려면 그 자질을 '향해' 주체화되어야 한다. 근래에 본 어떤 다큐에 등장한 40대 요리사는 매일 식당 문을 열기 전 자신의 칼을 두 시간씩 간다고 했다. 나는 매일 우선 두 시간 이상을 투자해서 '말'을 배우는데, 한글을 포함해 내가 긴 세월 익혀온 외국어들을 갈고 벼린다. 말/글이 가장 정교한 도구라고 할 뿐 아니라, 나 같은 철학자·인문학자의 도구는 무엇보다 말과 글이기 때문이다. 이런 식의 집중과 일관성과 책임감이 자신의 직업적 실천과 고르게 맞물릴 때에야 남다른 전문성이 자라난다. 주체성이란, 결국 그 삶의 주된 관심이 어디를 '향하고' 있는가의 문제다. 가령 내가 알찬 학인이라면, '어디에 가든 공부가 아닌 게 없다无往而非工夫'는 식의 일매진 방향성에 의해서 자신의 주체성을 증명해야 한다. 만일 내가 군인이라면, 필요와 계기를 좇아 국가와 국민을 위해 내 생명까지 바칠 의지와 의무를 주체화하는 삶의 방향성이 분명해야만 한다. 그(녀)가 경찰이나 소방대원이라면 시민의 안전을 위해 스스로 위험을 무릅쓰고자 하는 태도와 의기를 향해 자신의 생활을 가다듬어야 한다. 자영업자 수가 세계 최고에 이른 우리 사회지만, 문제는 이 자영업자들이 전문성의 부담과 책임을 스스로 떠맡고 있는가, 제 장사의 기반을 다만 축재蓄財의 수준이 아닌 인간적·윤리적·철학적 혹은 종교적 유래에 접속하고 있는가, 자신이 선택한 직업에서 긍지와 보람을 얻고

자 하며 이를 위해 제 관심이 그곳을 '향해' 지속되도록 애쓰고 있는가 하는 데 있다.

식당이 계속 생기고 계속 망해가는 것은 무슨 유행 같다. 매스컴에서도 그 변화의 속도에 놀라워한다. 개인 소비자로서의 취향과 미학적 관점에서 보자면 적잖은 식당들은 아예 망하기로 작정한 모습과 행태처럼 비친다. 옛말에도 '사람은 반드시 스스로를 업신여긴 후에야 남들이 업신여기게 된다人必自侮然後人侮之'고 했듯이, 제가 하는 일에 대한 자긍과 이를 재바르고 끈질기게 유지하려는 애씀이 없다면 그 일은 곧 손님들의 외면에 맞닥뜨릴 수밖에 없다. 흔히 업자와 직원들의 복장과 머리매무새에서부터 일을 대하는 자세나 손님을 응접하는 마음가짐이 얼마나 경홀輕忽한지 금세 드러난다. 천안에 있는 S 식당은 보리굴비 반찬으로 유명하며 내가 다년간 종종 이용해온 곳이다. 외식을 해보면 첫맛이 좋았음에도 반드시 그 맛을 고르게 이어가는 집은 많지 않은데, 이곳은 마치 뿌리 깊은 나무나 샘이 깊은 물처럼 긴 시간 제맛을 이어가는 게 인상적이었다. 그러다가 동행들의 지적으로 새삼 눈에 든 것이 그 주인댁의 복장이었다. 과거 어느 대갓집의 안주인이 부엌을 관할하는 도습을 연상케 하는 그 입성은 자수를 놓은 모자에서부터 앞치마에 이르기까지 깔끔하고 단아하기가 이를 데 없었다. 나는 어느 순간 그 복색이야말로 그곳의 전통과 솜씨와 정성이 일체가 되어 한 상징을 이루는 곳이라는 직관을 얻었다. 수영 선수나 육상 선수가 후줄근한 추리닝 복장으로 시합에 대처할 수 없는 것처럼, 제 일에 대해서 안팎으로 자긍과 존중을 원한다면 머리끝에서 발끝까지 조심하지 않을 도리가 있겠는가. 그것은 무엇보다 제 몸으로 음식을 만들고 제 몸으로 손님을 대하기 때문이다. 식당이란 곧 음식과 손님이 만나는 자리이며, 주체화된 주인과 종업원이란 바로 그 자리의 완결을 '향해서' 매섭게 구성된 존재 방식 Seinsweise 이어야 하기 때문이다. '충서일이관지忠恕一以貫之'라는 공자의 말을 감히 여기에 덧댈 수 있을 듯한데, 그 뜻은 내 마음속에 깃든 천도天道와 남의 마음에 대한 동정적 헤아림이 한 꿰미에 엮인다는 것이다.

4. 예禮

중국 사상의 원류를 따질 때 가장 중요한 대목은 '무巫-예禮-인仁의 고리'(리쩌허우李澤厚)다. 인사人事와 그 관계를 규제하는 예는 바깥으로는 상례喪禮를 통해 그 기원이 천도天道에 이르고, 안으로는 인간 심성의 알짜인 인仁과 결부된다. 그래서 복례위인復禮爲仁인 것이다.

한갓 장사의 일종이긴 해도 만일 그곳에 예禮가 있다면 남에게 음식을 먹이는 직업이란 실상 어딘가에 '거룩한' 아우라를 품고 있을 법하다. 그래서 혹자는 '밥은 하늘이다'(김지하)라고까지 말했다. 하필이면(!) 또 일본의 사례이지만, 10여 년 전 내가 교토에 두 달 정도 머물 때 몇 차례 목격한 것이다. 작지 않은 규모의 화식和食 식당이었는데, 그 문은 맑은 물이 출랑거리는 도랑 위의 돌다리를 통해 도로와 연결되어 있었다. 고금古今의 판이한 건축적 취미가 섞인 게 오히려 치화致和하는 데다가 주변 조경도 멋스러워 나는 가던 걸음을 멈추고 잠시 넋 놓은 채 바라보고 있었다. 늦은 오후였고 막 개점을 앞둔 시점이었다. 갑자기 문이 열리더니 하얀 셰프 복장의 남녀 넷이 돌다리를 건너 도로변까지 걸어나왔다. 그러고는 일렬횡대로 늘어서서 함께 짧은 문장을 낭송한 후 이쪽을 향해 상체를 완전히 숙이면서 절을 하는 게 아닌가. 마침 인근에는 다른 행인이 없었으므로 순간 나에게(!?)라는 착각에 휩싸이기도 했다. 물론 그것은 식당의 그날 영업을 시작하는 의례儀禮였다. 식당의 주체가 되는 요리사들이 영업을 시작하기에 앞서 천지신명과 당일의 손님들을 향해서 인사를 올리고 길상吉祥을 바라며 새로운 시작의 마음을 다잡는 것이다.

주체화된 인력이 담당하는 식당은 예치禮治의 장소가 된다. 한낱 물건(음식)이 거래되는 자리인 데다 자본의 물신화가 횡행하는 사회지만, 사람이 만나고 헤어지며 일事이 이루어지는 자리에서 예의가 없을 리 없다. 예의라는 것은 필경 마음을 불러내고, 심지어 하늘에까지 닿지만 우선은 그 모양과 절차를 가꾸는 게 먼저다. 다도茶道를 소재로 삼은 오모리 다쓰시大森立嗣의 영화「일일시호일日日是好日」(2019)에서는 다도 선생이 다음과 같은 대사를 흘린다.

> (차도란) 처음에는 모양을 만들어놓고 나중에 그 속에다가 마음을 담는 것이지요 はじめに形をつくっておいてその入れ物に後から心が入るものです.

나름의 예의와 태도로써 일을 다스리는 것은 손님을 향한 환대의 기본을 이루기도 하지만, 실은 주체화된 일꾼이 자기 자신의 솜씨와 그 전통을 보호하는 장치가 되기도 한다. 주체화된 인격과 기량은 무엇보다 까다롭기 때문이며, 전문성의 주변에는 그 사람의 인금에 상관없이 '서늘한' 기운이 흐르는 것 역시 이 때문이다. 예는 실체가 없는 표면상의 손짓발짓이 아니다. 앞서 말했듯이 밖으로는 경천敬天의 기운을 담고, 안으로는 애인愛人의 심경에 터하는 실천인 것이다. 장사의 종류는 셀 수 없이 많지만, 특별히 타인에게 음식을 먹이는 직업은 주객이 공히 경홀히 대할 수 없다. 먹는 것이란 삶에서 기본 중의 기본이고, 식탁을 제공하고 음식을 나누는 것은 문화의 출발이며, 특히 환대의 윤리가 최고의 모습을 얻는 자리이기 때문이다. 환대의 가능성 속에서 식탁을 보려는 이유는, 삶에서 가장 기본적인 것을 가장 높은 차원의 문화적 기예技藝로까지 끌어올릴 수 있는 영역이기 때문이다.

5. 신뢰

신뢰는 사회적 미덕이 지향하는 최종의 관계이자 그 상태다. 형식적으로 말하자면 신뢰란, 특정한 내용에 의지하던 믿음의 상태가 어느새 그 내용을 초과하면서 믿음의 실효가 관계 그 자체의 존재와 내적으로 결부된 상태에 이른 것을 말한다. 물론 이러한 상태는 대개 현실을 채근하는 가상일 뿐이다. 그러나 인간관계 속의 소통과 거래에서 변치 않을 지남指南은 여전히 신뢰다. 비록 그 지남의 끝이 비현실의 구름 속에서 아득하더라도 말이다.

내가 긴 세월 거주하던 밀양에는 일본 라면집이 하나 있는데, 시골 바닥으로서는 분위기가 괜찮고, 식대도 싼 편이며, 무엇보다 맛으로만 쳐도 내가 적잖이 경험한 일본 현지의 맛에 결코 뒤지지 않는다. 게다가 어떤 신뢰의 표지처럼, 메뉴도 달랑 두 개뿐이었다. 처음 그 맛을 접한 내 소감은, 웬 횡재!와 같은 것이었다. 주인이자 주방장인 젊은 남자는 내내 과묵했고 한 차례도 마스크를 벗은 모습을 본 적이 없지만, 어렵사리 말을 붙여보니 직접 일본에 가서 도제 수업을 받으며 배운 솜씨라고 했다. 하지만 결국 내가 그 집을 외면하게 된 이유는 언제 문을 여는지 도통 가늠할 수 없었기 때문이다. '내일까지 쉽니다'라는 메모를 읽곤 다음 날 들러보면 여전히 메모에는 '내일까지 쉽니다'라고 적혀 있고, '오늘은 쉽니다'라고 쓰인 메모 역시 내일도 붙어 있었다. 대략의 추산으로 세 번에 두 번꼴로 되돌아와야 했는데, 급기야 내 심사의 한구석에서는 그가 어떤 사사로운 연유로 손님을 물먹이려는 게 아닌가, 하는 고약한 의심마저 일었다. 역시 밀양의 한식집에 관한 애기인데, 이미 이력이 깊어 이름난 곳이고 특히 고풍스러운 한옥에 오밀조밀하게 조경한 정원까지 맛집스러운 풍미를 더하는 식당이었다. 나도 처음 몇 차례는 맛이나 차림새의 운치가 있어 손님 접대처로 이용하곤 했다. 그러다가 두 번씩이나 믿음을 저버리는 황당한 일을 겪어 그 식당을 영영 멀리하게 되었다. 한식의 반찬으로 치자면 김치는 생략할 수 없는 자리를 차지하며(최근의 어느 조사에 따르면 한국인이 가장 선호하는 음식 1위가 배추김치, 2위가 커피, 3위가 밥이라고 했다) 많이 먹진 않더라도 미쁘게 여기면서 자주 손길을 주는 곳이 아닌가. 나는 배추김치를 집어올리다가 그 잘려 있는 절반께에 선연한 이빨 자국을 보고야 말았다. 게다가 이런 거역스러운 사태를 수개월에 걸쳐 두 차례나 접하고서 다시는 찾지 않게 되었다.

신뢰는 약속의 긴 실천에 따른 눈에 띄지 않는 열매이며, 특히 자기 명령의 체계를 지며리 지켜나가는 일관성의 실효다. 신뢰는 심리적 내용의 잡박雜駁을 넘어서려는 형식적 의지의 표상이고, 제 나름의 실력이 쌓여 있다는 기별이며, 안팎으로 비용을 줄이고 생활의 편리를 도모하는 가장 효율적인 삶의 양식이다. 아는 대로 이것을 얻기란 지난지사이건만 잃기는 한순간이다. 나는 맨 처음 어느 식당을 찾는 순간을 특히 주목한다. 신기하게도 이때의 내 시각은 손님이 아니라 그곳의 주인에게 이입되어 작동하기 시작

한다. 요점은 주인인 그가 첫 손님인 내게 신뢰의 미끼를 던져 필경 단골로 잡을 수 있겠는가, 라는 질문을 놓고 그와 음식과 그 장소와 영접의 태도를 거꾸로 평가해보는 것이다. 신뢰 역시 '시간의 딸filia temporis'이므로 그 관계의 내실을 금세 알아챌 수는 없다. 그래도 어쨌든 매사에 '시작'하는 자리가 있고, 그 자리에서는 의외로 많은 것이 오가며 장래의 궁합을 예조豫兆하는 법이다. 내가 주인이라면 나는 첫 손님에게 각별히 주목하면서 거기에 장사의 승운을 좌우하는 패를 둘 것이고, 그(녀)에게 좋은 첫인상을 남기기 위해서 최선의 공功을 쌓고 꾀權를 부릴 것이며, 그 인상이 오래 지속되는 신뢰의 관계를 맺을 수 있도록 식당을 운영하려 할 것이다. 개인들 사이의 관계에서 내용적 사사로움을 넘어 '하아얀' 형식에 이르는 것을 최고의 미덕인 신뢰라고 하는 것처럼, 사회적 신뢰란 사회적 삶의 총체적 운영에서 호혜롭고 합리적인 공동의 노동을 통해 서로에게 유익하도록, "무거운 것은 가뿐히, 가벼운 것은 무거운 듯重たい物は軽軽と, 軽い物は重重しく"(「일일시호일」) 운용하고 또 지혜롭게 운신하는 중에 차츰 그 모습을 드러낸다.

6. 내가 좋아하는 식당은 왜 모두 망하는가

식당에 관한 한 내게는 일종의 징크스가 있었는데, 그건 내가 좋아하는 식당들이 얼마 못 가 모조리 망한다는 것이었다. 주로 외식에 의지하던 40~50대에는 이런 일을 하도 많이 겪어서 마치 이 같은 징크스에 살이 붙고 피가 도는 듯한 느낌이었다. 물론 여기서도 다만 내 '개입'이 맹점이자 열쇠인데, 실은 내가 좋아한다고 해서 그 식당이 망하는 게 아니라, 거꾸로 망할 듯한 식당만 찾아다니는 내 취향과 관심 속에 사태의 진상이 숨어 있을 것이다. 평생 인문人紋의 사소-小하고 희미-微한 길에 유의하는 감성으로 공부길을 삼은 나 같은 철학자의 이런 마음을 무엇이라 해야 할까. 20년 전쯤의 일일 것이다. 나는 어떤 여행 중에 전북 장수군에 속한 장계長溪 지역을 지나게 되었는데, 그곳 시외버스 정차장에 곁붙어 있던 허름한 슬래브 지붕의 판잣집 식당에서 단돈 3500원으로 사 먹은 늦은 점심 식사를 영영 잊지 못한다. 70대의 노파는 두어 가지 반찬과 함께 파와 돼지고기를 뭉텅뭉텅 썰어넣어 힘 있게(!) 끓여낸 김치찌개로 대접했다. 나는 여태 그 음식을 내 인생 최고의 것으로 점찍어놓고 있지만, 두어 달 후 다시 찾은 그곳은 아예 건물까지 철거되고 없었다.

내가 항용 찾는 곳이 이른바 '맛집'이 아니라는 사실은 말할 나위도 없다. 내가 산행 중에 정상을 밟지 않고 8~9부 능선에 머물다가 돌아오는 것처럼, 맛집이라고 특필한 곳까지 찾아가선 그곳을 돌아보지도 않고 인근의 한적한 식당에 발을 들이는 게 내 취미이자 관심이다. 아무튼 군중의 '쏠림' 현상을 비판해온 내가 쏠려서, (남의 소문에) 맡겨서, 길게 줄 서서 먹는 집을 좋아할 수 있겠는가? 제 분수도 모르고 요량도 없이 실내 장식만을 일삼고 식탁 수만을 늘린 식당을 돌아보겠는가? 문턱을 낮춘 듯한 시늉을 하면서도 제대로 된 인사말 한마디 내뱉지 못하는 주인의 음식을 먹으려고 하겠는가? 소명mission도 천직calling도 아닌 일을 한탕 치기식으로 시작한 식당의 꼴이 어찌 내 마음에 들겠는가? 솜씨도 의지도 요령도 준비도 배려도 긴 관심도 없는 음식 만들기의 주인이 무슨 주체가 되겠는가?

남에게 음식을, 밥을 먹인다는 것은 한편 장사에 속하면서도, 근본적으로는 인륜倫과 사랑仁의 차원을 건드리는 일이다. 장사와 거래에 윤리가 개입하고 문화가 생기는 것은 당연한 일이다. 사회 전체가 시장이 되고 모든 사람이 판매자와 구매자로 겹치며 배금주의가 유일한 이데올로기가 되는 세상에서 거래의 문화와 환대의 윤리를 함양하는 것은 그 사회의 심층적 합리화를 위해서는 필수 불가결하다. 시민 전체가 상인-소비자의 일종일진대, 시민 의식이란 곧 거래의 윤리와 환대의 기풍을 배양하는 것일 수밖에 없다. 무분별한 개발과 개방 속에서 정신문화적 전통으로부터 소외된 채 법고창신의 '전환적 창의력'을 잃어버린 우리는 거의 모든 다른 영역에서와 마찬가지로 직업사회에도 적절한 형이상학이나 윤리를 갖추지 못하고 있다.

가령 식당의 우상이라고 할 수 있는 맛집이야말로 이 비윤리의 첨병 노릇을 한다. '맛집'이라는 성공의 메시지 자체가 축재와 허세를 위한 반전통의 공간이며, 인문학적 감성을 거칠게 배제하고, 맛이라는 질質을 돈이라는 양量으로 환치하는 혼동이다. 인식Erkennung에는 이미 평가Bewertung가 스며 있고, 평가에는 이미 개입이 들어갔으며, 각자의 개입에는 수많은 인연의 묶힘과 겹침이 담겨 있는 것이다. 식탁이 거룩할 수 있는 것은, 그것이 생명의 토대가 되면서도 인생의 지금에 나타나는 갖은 것들이 어떻게 만나고 헤어지는지를 생생하게 보여주는 장소이기 때문이다. 차도茶道의 인연을 일러 일기일회一期一会いちごいちえ라고 한다면, 어디 가든 공부無往而非工夫라고 하는 터에 식당에서조차 도道를 구하지 못할 리 있는가.

2장

해석하는 인간:
행지行知와 해석학의 실용적 전환

이번 강의에서는 '인간의 해석'에 관해서 이야기합니다. 인간은 가끔 똑똑한 존재homo sapience 일 수도 있고 종종 어리석은 존재homo insipience 일 수도 있지만, 그 현우-賢愚와 명암明暗의 흐릿하고 광막한 시공간을 살아가는 그(녀)는 무엇보다 해석하는 존재homo interpretans 입니다. '해석(학)의 존재론화'(가다머)라는 말은 '소심한 근대의 인식론'(니체)을 넘어서려는 시대의 구호이기 이전에 정신을 지니고 말을 하는 인간의 근본적 조건입니다. 인간은 해석을 피할 수 없으며, 이로써 해석은 실질적으로 만사萬事가 됩니다. 인류가 짐승을 넘어서서 문명 문화적 광휘를 이룬 것이나 스스로 파멸의 길을 초래하는 어리석음에 빠진 것이나 집단적 사악과 예외적 개인의 미덕이나, 그 모든 것은 해석의 한 끗이 어긋나고 갈라지는 중에 생깁니다.

나는 해석학을 인식론적·철학적·학술적 술어로 전유하는 것에 반대합니다. 학문적 해석학의 역사가 없지 않지만, 인간 만사의 명암과 예둔銳鈍과 오차를 결정하는 해석활동은 우리 삶의 전 영역에 이미/늘 스며 있습니다. 이것이 '해석학의 실용적 전환'이라는 말의 취지입니다. 내가 말해온 실용은 '공부도 사람의 일'이라거나 인간의 개입이 인식의 차원을 넘어 존재론적으로 침윤浸潤하고 있다는 주장과 궤를 같이합니다. '사실은 없으며 모든 것은 해석이다'(니체), 이해의 선구조Vorstruktur des Verstehens (하이데거), 영향사Wirkungsgeschichte (가다머), 실천적 관여Practical involvements (듀이), 인정 Anerkennung (호네트), 그리고 언어의 화용론적 이해(비트겐슈타인)에 따른 여러 사상적 변침과 변용은 인간의 이해와 해석이 곧 우리 존재와 삶에 깊이 무젖어 있다는 사실을 드러냅니다.

그러므로 지知는 행行과 뗄 수 없고, 지행知行이 아니라 행지行知가 오히려 사태의 진상을 잘 압축합니다. 나는 이번 강의를 통해 이런 행지의 해석학이 인식이나 이해의 차원에서만 작동하는 게 아니라 인문학적 성숙과 수행의 영역에서도 창의적으로 전환되어 이용될 수 있음을 보이고자 합니다. 이것이야말로 '해석이 만사'라는 주장의 윤리적 가능성을 실증할 기회가 될 것입니다. 이미 다른 글에서 '애매한 텍스트와 해석의 문제'를 제기하기도 했지만, 인간에 관한 한 그 모든 텍스트는 불완전하고 애매하며 따라서 모든 해석은 문제적일 뿐입니다. 스스로 밝아지고 남에게 작게나마 도움이 되려는 학인이라면, 마땅히 매사의 해석에 조심조심해야만 합니다.

1. 해석과 인간의 일

아도르노의 명구처럼, '해석은 (특별히) 이성의 원리로 환원되지 않는 요소들을 구성하는 데'에서 작동한다. 합리적으로 분석되고 해명될 수 있는 이치가 오롯하다면 그것은 이미 해석의 대상이 아니다. 이치가 통전通全되니 자명한 것이다. 해석이 인간 만사의 일인 것은, 인간의 일이란 항시 이성적 추론만으로는 종결되지 않는 사태의 애매성과 의미의 복합성으로 치면하기 때문이다. 인문학적 해석은, 인간의 일 그 자체의 성격처럼 어느 정지 화면의 지형과 그 의미를 획정시키는 게 아니다. 인간 세상은 변화하는 해석 공동체이며, 인간은 불완전하게 해석하는 존재이고, 해석은 인간 만사에 얽히고 무젖어 있다. 인간의 일에 해석이 늘/이미 개입하고 있는 것은 인간이 정신적 존재인 사실에 터하지만, 인간의 일은 그 자체로 진동攝動하며 변화하고 시공간의 전방위에서 영향을 주고받기 때문이다. 손택은 '사진의 명료성은 해석이 포박捕縛한 탓'이라고 했지만, 사태事態의 명료성 또한 포박된 해석의 탓일 것이다.

2. 행지와 해석의 생산성

이미 말한 대로 해석은 정지 화면을 계량하거나 측정하는 게 아니다. 안이한 계교지심計較之心으로 해석에 임할 수 없는 이유는, 첫째 인간의 정신이라는 기묘하고 깊은 개입의 운동력 때문이며, 둘째 해석의 대상이 주머니 속 동전처럼 좌정한 채 손으로 쥐여지기를 기다리고 있지 않기 때문이다. 여기에는 이해를 '언어사건Sprachgeschehen'(가다머)이나 '정신분석적 배경의 함수'(하버마스)로 여겨야 하는 다른 논의의 갈래까지 더해져야 한다. 나는 이 상황을 지행이 아닌 형지行知라는 개념으로써 설명하곤 했다. 이는 앎 자체가 행함과 뗄 수 없을 만큼 촘촘히 얽혀 있음을 전제로 한다. 예를 들어보자. 6년 고행의 끝에 이른 싯다르타는 어느 날 보리수 아래 좌정했다가 문득 계명성啓明星을 보고 인연생기법因緣生起法을 깨쳤다고 했다. 그는 어떻게 '알게' 되었을까. 그 앎은, 계명성을 일별한 순간 속에 바로 그 별빛처럼 주변의 어둠을 배척한 채 오롯이 들어가 있었던 것일까. 아니면 자신조차 낱낱이 기억할 수 없는 앎은 일련의 과정이며, 그 과정에는 갖은 행함의 계기가 앎의 순간을 향해서 알게 모르게 배치되어 있었던 것일까. 가령 싯다르타는 깨친 이후 제자들에게 자신이 어렵사리 거친 고행법을 권하지 않았다는데, 그러면 이 긴 고행의 실천 속에는 앎(깨침)의 계기들이 없었던 것일까. 물론 그렇지 않을 것이다. 싯다르타는 성도成道한 후 자신이 겪은 고행의 수행법을 부정했지만, 이 부정否定은 일종의 아이러니일 것이다. 어쩌면 그는 스스로의 신념을 최종화finalizing 하지 않는 아이러니스트의 심정에서 역시 고행의 의미를 최종화하지 않았겠지만, 우리가 되찾아야 할 것은 이 부정된 실천 속에 알알이 숨어 있을 오도悟道를 향한 형언하기 힘든 계기들이다. (언제나 실천 속에는 앎의 계기들이 숨어 있고, 앎은 다른 실천의 계기들을 제공하는 법이다.) 그것이 완전한 진실은 아니므로 오도한 싯다르타의 마음속에서 그 진실은 부인되었지만 오히려 이로써 그 진실은 조각나고 말았을 것이다.

행함과 앎은 분리될 수 없으나 그 관계는 인과因果를 이루지 않는다. 그 관계의 진실이란 게 기술적 실효성을 보증할 수 없는 상관성일 뿐이므로 싯다르타는 아이러니스트의 태도에서 고행을 부정했지만, 어쨌든 그가 매양 수행과 정진을 강조한 것은, 다시 인과의 보장이 없는 공부길에서 그나마 유효한 상관성의 존재를 인정한 것일 테다. 행·지 사이의 관계가 인과도 합리적 조리條理도 없이 다만 확률적 유효성을 매개하면서 얽혀 있음을 드러내는 게 이른바 진인사대천명盡人事待天命이라거나 혹은 사지사지귀신통지思之思之鬼神通之와 같은 것인데, 전건(사지사지)과 후건(귀신통지)의 관계도 비인과적 상관성으로 보이지만, 이 상관성조차 애매함을 피할 수 없다. 인문학적 해석의 대상은 인간의 정신이 개입하는 한 근본적으로 '애매한 텍스트'의 위상에서 벗어나지 못한다. 다만 중요한 점은 귀신통지의 앎(깨침) 속으로 사지사지의 행함(과정)이 유의미한 계기로서 수렴되고 있다는 것이다.

그러므로 앎의 해석은 곧 앎·행함의 복합적 과정에 대한 해석일 수밖에 없다. 인간의 앎은 알게 '된' 것, 더 정확히는 알게 '되어가는' 것이다. 앎은 '암癌처럼 동사가 아니라 명사'(데이비드 B. 에이거스, 『질병의 종말』)인 것이다. 그리고 앞서 말한 대로 해석에 포박됨으로써만 결국 앎이라는 명사적 정지 화면으로 고정된다. 앎은 앎과 행함을 포함하는 삶의 흐름 속에서 수많은 상호작용과 변증법적 변용을 통해 진행되는 과정일 뿐이지만, 우리는 지각의 한계와 적용의 편의성을 위해 그 흐름의 단면을 지식으로 안정화시킨다. 푸코의 주장에 의하면 고대 그리스와 로마의 문헌 속에서 자기 인식은 언제나 '자기 배려 Le souci de soi'와 관련되어 있는데, 이 역시 앎에 대한 가장 원형적 형식인 '너 자신을 알라'라는 명제를 행지의 맥락에서 재구성해놓은 것에 다름 아니다. 행行이 지知와 이처럼 얽혀 있는 한 그 해석은 역설적으로 '생산적'일 수밖에 없다. 하나의 문장으로 고정시킨 진리가 가능하지 않을 때 이른바 '재서술redescriptions'의 방식이 유효하듯이, 삶生의 행行에 의해 쉼 없이 끄달리거나 변용될 수밖에 없는 지知는 이미 운명적으로 (재)해석의 생산성에 열려 있다. 해석이라는 지식의 한계가 외려 그것의 생산성을 재촉하고 있는 셈이다. 그것은 '인간의 일'이므로, 그 해석과 관련된 인간의 삶이 계속되는 한 해석은 페이지 위의 글자처럼, 주머니 속의 동전처럼, 혹은 동굴 속의 해골처럼 가만히 멈춰 있을 수 없다.

가다머가 말한 이해의 역사성 Geschichtlichkeit des Verstehens이 곧 행

지나 과정으로서의 앎과 겹치는 개념이다. 이는 당대 정신과학의 객관주의, 혹은 내 말로 '명사주의'의 경향을 극복하는 효과를 얻는다. 구체적으로는, 널리 알려져 있다시피, 선입견Vorurteil, 전통Tradition, 영향사Wirkungsgeschichte, 그리고 지평융합Horizontverschmelzung 등의 다양한 개념적 장치를 통해서 이해의 객관성이 불가능한 꿈이라는 점을 알리고자 한다. 가다머의 유명한 표현처럼 (해석을 우회해서) '단순히 (거기에) 있는 것Was einfach da steht'이란 없다. 반복하건대, 인간의 일에 관한 한 '주머니 속의 동전처럼' 가만히 있는 지식과 진리는 없으며, 따라서 니체의 말처럼 '진리를 말하지 않도록 조심해야 하는 것'이다. 이를 다소 변용해서 윌프리드 셀러스의 표현을 원용하자면 '주어진 것이라는 신화the myth of the given'는 인간이라는 정신적 존재의 학문 속에서는 성립하지 않는다. 투박하긴 마찬가지이지만, 인간의 일에 관한 앎과 해석은 사진의 것이 아니라 영화의 것이다. 행·지는 서로가 서로에게 되먹히고 되살려지면서 쉼 없이 시공간의 관계 속으로 나아가며 이로써 새로운 해석의 생산을 촉진하게 된다. 이런 뜻에서라면 대상적·객관적인 지식gegenständliches Wissen은 없다. 모든 지식은 만남이요 과정이며, 개입이고 운동이며, 생산이고 재생산이다.

3. 해석은 삶이다: 인정과 호오의 문제

해석학이 학술적 이론이기에 앞서 인간의 일 속에서 작동하는 조각난 지혜의 일부분이라는 사실은 특히 인정認定과 호오好惡의 문제를 통해서 적절히 예시할 수 있다. 젊은 나이에 헛된 이름을 얻은 나는 각지에 불려다니며 강연을 많이 했다. 마흔쯤일 때 한번은 서울대 사회학과 대학원에서 초청 강연을 하게 되었다. 당시의 나는 '서울대(문제)'의 공론화에 어느 정도 관심을 표명했음에도 (지정학적 문제로서의) 서울에 대해서는 제대로 된 입장을 구성하지 못하고 있었다. 내 근작에서 지적한바, "부산은 이른바 '전국구적' 표상 대변 능력에서 현격히 떨어질" 뿐만 아니라 "서울로 가는 인재선人才線은…… 대구까지만 해당될 뿐이며 부산은 서울로 가는 이 인재선, 혹은 권력의 선, 혹은 문화자본의 선에서 탈락·소외되어 있었다"[1]는 사실을 나는 그 강연 자리의 경험을 통해 다시 한번 알아차리게 되었다. 그러니까 서울대 대학원생들이 (지방의 모대학 출신인) 내 강연에 임하는 태도는 내가 그간 한 번도 겪지 못한 종류의 것이었는데, 나는 훗날에야 이것이 인정-인식의 문제 틀로 해명될 현상이며, 칼과 근육만으로 싸우는 무사와 달리 말과 글로 다투는 문사들이 치르는 가외의 비용이자 실없는 인정투쟁이라는 것을 깨달았다.

인정Anerkennung이라는 개념은 헤겔을 통해 이론화된 후 헤겔좌파를 거쳐 비판이론의 3세대에 이르도록 그 명맥을 유지하고 있

다. 그중에서도 호네트는 하버마스의 신-신좌파적 문제의식과 어휘를 공유하되 그것을 인정이론적으로 전유함으로써 논의의 층위를 낮추고 실천성을 제고하는 효과를 얻는다. 그는 우리가 인간세계와 관련을 맺는 근원적 형식을 '인정'으로 본다. 사회적 상호작용은 인지적 행위가 아니라 인정하는 자세로 짜인 것이며, 인간의 자기 관계와 세계 관계 속에서 이루어지는 언어적 이해는 타자의 인정이라는 비인지적 전제와 결부되어 있다는 것이다. 누구든 상대의 말을 듣고 해석해서 이해하려 할 때는 '이해의 선구조'(하이데거), 혹은 '선입견'(가다머), 혹은 내 말로 '자기 개입'이 이미/늘, 그리고 생각보다 깊숙이 작동하는 법이다. 인정은 인지Bemerkung에 비해 능동적·적극적이지만 사람을 상대로 할 때는 거의 자동으로 이루어진다. 사람은 인격이며 정신이고 '존재의 이웃Nachbar des Seins'(하이데거)이므로 눈앞에 있는 그(녀)를 완전히 무시하기란 쉽지 않다. 그러므로 호네트에 따르면 관심의 차단과 무시는, 즉 인정 망각Anerkennungsvergeßenheit은 물화物化, Verdinglichung를 낳는다고 한다. 때에 따라서는 물화의 상태가 기능적으로 편리하기도 하다. 곤도 마코토近藤誠는 "외과 의사들이라는 것들은 구제불능外科医というのは度し難い人たち"[2]이라면서 마치 옛 사무라이들처럼 기회만 생기면 칼을 들고 베려 한다고 비판한다. 이런 의사들의 진료와 치료 현장에서 인격과 영혼과 존재의 가치를 인정받기는 어려울 것이며 심지어 불필요할지도 모른다. 말이 없는 기능적 영역에서만 인정과 호오가 불필요해지는 것은 아니다. 칸트는 대

화에서 지켜야 할 수칙의 하나로서 논지의 일관성 Konsistenz 을 주문하는데, 일단 논쟁이라는 학술적 게임이 활짝 펼쳐지면 그 논쟁의 활성화와 합리화를 위해서라도 당사자에 대한 인간적 관심을 끄고 각자 일관되게 자신의 논점과 논지를 꾸려가는 식으로 응대해야 하는 것은 오히려 당연하다. 논지를 잃고 사람이 화제에 오르기 시작하면 이른바 인신공격의 오류 argumentum ad hominem 를 피하기 어렵다.

그러나 정신과 정신, 인격과 인격, 존재와 존재가 만나는 대화, 그리고 그 해석과 이해에서 사람은 전방위적으로(심리적, 역사적, 언어적, 정신분석적, 정치적 등등) 서로 개입하는 법이며, 따라서 기능주의적 물화의 방식으로 상대를 대할 수 없다. 아우슈비츠에서 수감자들을 생체실험한 일로 악명 높은 요제프 멩겔레(1911~1979)처럼 대할 수는 없는 것이다. 사람들 사이에서 이루어지는 해석은 무엇보다 그것 자체가 삶의 총체적 과정의 단면이기 때문이다. 해석과 이해에서 인정과 호오의 정서를 고려해야 하는 것은 누구든 이러한 정감情感에서 완전히 벗어날 수 없을 뿐 아니라, 삶으로서의 해석은 삶의 주체인 인간 humans in the living 속으로, 그 개입 속으로 들어가야 함을 요청받기 때문이다. 인간들의 대화와 해석은 수학이나 실험처럼 자기정합적 체계를 이루면서 완성되는 시스템이 아니다. 그것은 인정과 호오를 비롯한 갖은 정서와 관계, 여건과 한계, 아비투스 habitus 와 에피스테메 épistémè 그리고 역사와 무의식 등 인간이 놓인 삶의 자리 Sitz-im-Leben 를 총체적으로 물고 들어가는 실천이다. 삶으로서의 해석은 행行으로서의 지知이며, 인정과 호오의 문제에서 자유로울 수 없는 선택이자 압축이며 소외이자 왜곡이고 시행착오의 변증법이자 직관의 향연이다. 그것은 삶의 조건과 한계에 고스란히 노출된 실천이다. '낱말은 오직 삶의 흐름 속에서만 의미를 갖는다'(비트겐슈타인)면, 해석 역시 바로 그 의미를 좇는 열린 과정인 것이다.

4. 삶의 구제와 실용적 해석학

적멸보궁寂滅寶宮이란 석가모니불의 진신사리眞身舍利를 봉안해놓은 불교 건축물을 말한다. 국내에만도 통도사 적멸보궁 등 다섯 곳이 있다. 전 세계에 퍼져 있는 보궁 속의 진신사리만을 모아놓으면 아마 코끼리 한 마리 분량은 될 것이다. 12세기 시칠리아의 성녀 로살리아는 17세기 초 시신이 발견된 후 그녀를 앙모하는 가톨릭 신자들 사이에서 치병治病의 기적을 낳는 수호성인으로 널리 알려졌다. 특히 그녀의 유골이 신심의 초점으로 큰 관심을 받았지만, 훗날 과학적 검토에 의해 밝혀진 바에 따르면 그것은 사람의 뼈가 아니라 염소 뼈였다. 이런 생게망게한 일은 우리 생활 공간 속에 셀 수 없이 널려 있다. 편견은 덫처럼 떨쳐버리기 어렵고 미망迷妄은 공기처럼 퍼져 있으며, 갖은 이데올로기는 그 '일관성'(지젝)으로 인해 더 강고해진다. 우리는 좋든 싫든 옳든 그르든 해석을 피할 수 없다. 정신과 말로써 된 옷을 존재에 걸치다시피 하며 살고 있는 우리는 해석의 방 속에서 살고 있는 해석하는 존재homo interpretans다. 그래서 가다머의 유명한 명제처럼 '모든 이해는 해석이다Alles Verstehen ist Auslegung'. 정신과학이 이해의 학문Wissenschaft des Verstehens이고, 나아가 정신적 존재로서의 인간이 모든 상호작용과 소통에서 이해를 추구할 수밖에 없다면 해석의 실천은 학술적 인식의 틀로 '수렴'되어 체계 속에 동화될 게 아니라 삶의 전 과정을 투과하며 '확산'되는 일일 것이다.

우선은 이처럼 삶의 그물망 전체에 직조되어 있는 해석은 정신적 존재인 우리 삶의 성실성과 품격을 결정짓는 실천임을 기억해야 한다. 인류를 무명無明과 미몽과 잔인함 속에 붙들어놓는 것도 한 사람의 질둔한 해석에서 시작되고, 계몽과 문명文明과 평화를 불러오는 것도 한 사람의 밝은 해석에 터하는 법이다. '의식이 지향성을 피할 수 없다'(후설)고 하듯이 정신은 해석을 피할 수 없는 것이다. 그러므로 해석은, '해석학hermeneutics'이라는 고상한 이름 속에 갈무리해서 아카데미아의 전시물로 봉인할 게 아니다. 그것은 정신적 존재homo sapience이자 언어적 존재homo linguisticus인 인간의 삶 전체와 관련되는 '실용적' 과제다. 해석의 실용實用은 미묘하게 이중적인 구석이 있는데, 그것은 이미/늘 생활의 실제 속에서 쓰이고 있으면서도 바로 그 쓰임이 대체로 맹점처럼 은폐되어 있는 탓에 이에 대한 메타인지적 성찰이 쉽지 않다는 것이다. 인간의 의식과 언어는 일면 도구적 기능을 수행하면서도 가령 연필이나 망치처럼 그 도구성을 명료하게 파악하기는 쉽지 않은데, 이것들은 도구이면서도 다른 한편 주체의 기능과 겹쳐 있기 때문이다. '자아는 증상처럼 구조화되어 있다'(라캉)라는 말처럼 각자의 정신과 그(녀)의 언어도 자신의 생존과 생활을 위해서 여러 증상을 내재화하고 있는 셈이다. 위장胃腸이 나의 소화 도구(기관)이면서 나의 일부인 것처럼, 의식과 언어는 위내시경과 같은 특별한 기술과 성찰(?)이 없으면 그 맹점이나 왜상歪像을 알아차리기가 어렵다. 그리고 이 맹점과 왜상, 환幻과 미迷는 죄다 해석이라는 인간적인, 너무나 인간적인 활동을 통해서 생기고 고착된다.

    인간의 삶과 그 실용성에 관한 한 딜타이나 하이데거나 가다머 따위를 들먹이는 논설로는 문제가 전혀 풀리지 않는다. 정신적 존재인 우리 삶의 질質과 그 미래의 가능성이 얼마나, 어떻게 해석의 실천과 관련되어 있는지를 마치 사회 교양의 일종인 양 널리 전파할 필요가 있다. 한 번의 해석 탓에 나락으로 떨어지기도 하고, 한 차례의 해석 덕에 숨은 진실이 드러나 밝은 길을 내기도 한다. 당연히 해석은 능사가 아니며 때에 따라 해석 자체가 위험을 자초해 '반해석against interpretations'(손택)의 목소리가 높아지기도 한다. 그러나 먼저 '해석의 책임'을 기억해야만 한다. 해석에 책임을 묻게 되는 것은, 첫째 해석의 대상이 인간의 일이고, 둘째 인간의 일은 근본적으로 애매한 텍스트인 데다, 셋째 그 해석에 따른 후과後果가 인간의 삶에 되돌아오는 일이 잦기 때문이다. 예를 들어 '윤석열'이라는 텍스트를 놓고 벌어진 해석의 경합(2022년 대선)을 떠올려보자. (내겐 전혀 그렇지 않았지만) 인간 윤석열이라는 텍스트에는 더러 애매한 부분이 있었을 것이다. 인간이라는 역동적인 복잡계에 관한 해석과 결정은, 이런저런 물건을 살까 말까를 고민하는 문제와는 격과 결이 다르다. 게다가 이 해석·결정에는 오늘날의 우리가 겪고 있듯이 우리 삶으로 되돌아오는 후과가 따르며, 이를 선택한 사람들은 그 후과에 대한 책임을 나누어 져야 한다. 멀고 먼 어느 항성 X에 물이 있는가 하는 물음과 그 답안은 (갈릴레오를 핍박한 종류의 왜곡되어 폐쇄된 사회가 아니라면) 답변자의 삶을 문책하지는 않는다. 반면 여태도 수많은 신자를 사로잡고 있는 여러 종교적 도그마에 진실이 있다고 가정한다면 예수나 싯다르타, 문선명이나 이만희에 대한 상이한 해석과 이에 따른 종교적 결정은 (불)신자의 운명을 통으로 차압할 수도 있겠지만 말이다. 이처럼 주체가 자신의 해석과 결정을 통해 그 생명과 운명을 비용으로 지불해야만 하는 사례들도 있겠지만, 대개의 소소한 일상적 해석은 주체의 책임을 우회하거나 면책하는 식으로 운용될 뿐이며, 이 글이 관심을 두는 경우들은 이 둘 사이의 애매한 회색지대에 걸쳐 있을 것이다.

사후事後의 책임이 따르고 애매한 텍스트일 수밖에 없는 인간의 일에 관한 해석은 무지無知의 지知에 기반해야 한다. 나는 이 원칙을 다른 글에서 '모른다-모른다-모른다'로 정식화하기도 했다. 이것은 근본적 겸허이며 삶을 위한 실용이고 꾀다. 삶의 질과 정신의 명예, 급기야 인생의 구제에 이르기까지 해석의 실천에서 가장 중요한 기본은 무지의 지다. 혹은 내 해석이 틀릴 수 있으며 설령 운이 좋더라도 완벽한 해석이란 존재할 수 없다는 전제에 견결해야 한다. 사람의 일에 관한 해석은 총체적·복합적·의외적 상황을 쉼 없이 대면하는 일이다. 살아 움직이는 사람의 자리와 그 사정을 압정으로 고정해 계측할 수는 없다. 해석자와 텍스트, 주객 간의 상호 개입은 한정 없고 그 정도와 범위와 깊이는 측량조차 할 수 없어, 사람의 일을 이해한다는 것은 시냇물에 발 담그면서 먼 대양을 짐작하려는 짓과 같을 수도 있다. 하지만 무지의 전제는 무지 그 자체를 정당화하거나 낭만화하려는 게 아니다. 무지의 복환復還은 마치 고해의식처럼 혹은 '다시 미래를 향해 시작하기 위한 용서'(아렌트)처럼 자기 정화의 자리가 된다. 그것은 늘 새롭게 시작하도록 하는 자리이고, 해석의 약점을 줄이며 한 걸음씩 견식과 지혜를 쌓아갈 수 있는 토대가 된다.

해석의 현장은 백인백색百人百色의 다양성이 어리석음을 전시하거나 혹은 지혜를 숨겨놓은, 인간적인 너무나 인간적인 세계다. 대학 2학년생일 때 교회 대학부 행사의 하나로 경남의 어느 농촌마을에서 봉사 및 전교傳敎활동에 나선 적이 있다. 한 농가에서 만난 60대의 농부에게 어쭙잖은 화술을 펼치면서 '예수는 누구이시니…… 교회에 나오시라'라는 취지의 말을 건넸다. 이때 대뜸 그 초로의 농부가 정색하면서 내게 되돌려준 말은 '태초에 무엇(누구)이 있었는지 자네가 알아맞히면 내가 오늘부터 교회에 가겠네'라는 수수께끼였다. 내가 얼마간 황당해하면서 우물쭈물하자, 그는 '태초에 소가 있었지 소牛가! 아니 그것도 모르면서 예수는 무슨, 전도는 무슨 전돈가!'라고 다그쳤고, 나는 할 말을 잃은 채 쫓기다시피 하며 그곳을 벗어나야 했다. 온갖 철학과 해석학을 읽고 외웠다 한들 대화에 응하면서 지혜롭게 조심하지 않으면 쓸모없다. 내 개인의 경험으로 살펴봐도 대학의 안팎을 조수潮水처럼 오다니는 많은 지식인이 특별히 해석에 신중하거나 지혜롭다고 여겨지진 않는다. 오히려 모른다-모른다-모른다, 라는 전제에 이어 매사의 대화와 응하기에 '조심-조심-조심'을 생활화하는 편이 훨씬 더 낫지 않을까 싶다. 생활은 실용으로, 실사구시實事求是의 정신으로 풀고 뚫어나가는 게 요령이다. 예를 들어 공자는 애매한 텍스트 중에서도 가장 대표적인 화제랄 수 있는 죽음 이후의 문제에 관해서 실없이 '해석하지 않'는다. 장의葬儀와 상례喪禮의 전문가였으며, '말의 미묘한 의미와 불가사의한 지혜를 활용한 공자'(해럴드 블룸)였지만 이에 관해서는 굳이 함구했던 것이다. '사람도 섬기지 못하는데 어찌 귀신을 섬길 수 있으랴未能事人焉能事鬼'라거나 '삶도 모르는데 죽은 다음을 어찌 알겠는가未知生焉知死'라거나, 혹은 '사시가 운행하고 만물이 생장하는데 하늘이 무슨 말을 하던가?四時行焉, 百物生焉, 天何言哉'라고 했을 뿐이다.

5. '모른다'의 정화와 '조심'의 슬기

식견을 높이고 이론을 쟁이고 말을 야물게 부려서 일상의 갖은 해석의 순도와 정밀도를 높이려는 노력은 소통과 이해에 관심을 두는 모든 이에게 요구되는 미덕일 것이다. 하지만 그보다 우선시해야 할 것은 세속의 인생사에 스며·저며들어 있는 해석의 실태에 대한 정직한 대면일지도 모른다. 긴 세월 '인간만이 절망'이라고, 그다지 공명 없는 슬로건을 외쳐오고 있지만, 이 절망 속의 내용을 분별해보자면 실로 '인간의 해석이 절망'이기 때문이다. 인문학적 희망의 요청에서 보자면 인간은 어김없는 절망이고, 게다가 해석이 만사라면 응당 해석의 절망을 떠올리지 않을 수 없다. 해석활동은 개인 간의 소소한 생활 잡사이기도 하지만 나아가서는 종교와 교육, 정치와 경제, 심지어 문명 일반의 향방을 결정하는 잣대가 되기도 한다. 그러므로 해석 공동체로서의 인간 세상이 무엇보다 잊지 말아야 할 것은 해석의 무게와 그 의미이며 또한 우리 일상 가운데 편만해 있는 해석의 절망이다. 인간의 절망과 이어지는 이 해석의 절망은 실용적 해석학의 전망을 통해 삶의 구체적인 구제와 이어져야 한다. 대화와 다양한 종류의 응하기에는 반드시 해석의 경합이 생기기 마련인데, 이 경합을 실용화해야 하고 해석의 잠정적 통합을 통해 삶에 유익한 결정들이 나올 수 있도록 애써야 한다.

누구든 말이 통하지 않는 경험을 한다. 곤이부지困而不知라고도 했지만, 사람들은 불통과 오해의 범벅 속에서도 말 그 자체의 성격이나 메커니즘을 성찰하지 않는다. 생활의 실용성에도 갈래와 흐름이 있건만, 자신의 생활양식을 돌아보지 않는 대다수는 일차적 실용을 자신의 버릇 속에 고착시킬 뿐이다. 결국 '이해되는 것은 말Was verstanden werden kann ist Sprache'(가다머)이라고 한다면, 인간은 '이해의 언어성Sprachlichkeit des Verstehens'을 통해 해석하면서 이해할 수밖에 없지만, 대개의 해석은 그야말로 난장판을 방불케 하므로 서로의 해석은 호환되지 않고 말은 통하지 않는다. 반복하는데, 이 불통의 사실에 대해 개인은 조금 더 깊은 자성을 갖고 사회적인 공감대를 나누도록 애쓸 필요가 있다. 가끔 이런저런 대화를 접하면서 '저렇게 오랜 세월 말을 해오면서도 저렇게 말솜씨와 대화의 슬기가 없을까!'라는 탄식을 나도 모르게 토로하곤 하지만, 인간의 말과 그 해석은 워낙 자기성찰을 거부하는 맹점에 지펴 있어 웬만해서는 옛 버릇을 고치기 어려운 법이다. 우선 생활을 돕고 밝히는 실용성의 방향으로 말길을 트면서 해석적 자의식과 긴장을 잃지 않도록 노력해야 할 것이다. 해석을 전유하려는 에고의 고집과 단견을 조금씩 내려놓아야 한다. 그리고 지성의 어두운 심연처럼 솟아오르는 해석의 절망을 마주 보려는 의욕 아래, '모른다-모른다-모른다'라는 자기 정화淨化의 발판을 딛고 '조심-조심-조심'의 슬기를 부리는 수밖에 없다.

3장
'잔인하지-않기'에서 신뢰까지:
사회 윤리의 새 지평

이번 강의에서는 사회 윤리의 새로운 표석表石으로서 '잔인하지-않기'와 신뢰를 양 축이 되는 개념으로 제시하고 예증합니다. 전자는 하한선으로 후자는 상한선으로 설정해서 사회 윤리의 지평을 재구성하고자 합니다. '않기'라는 부정어를 품은 명제를 제시한 것은 (가령 '청소-하기'보다는) '쓰레기-버리지-않기'처럼 부정적 한계를 설정함으로써 최소한의 삶의 품위에 대해 합의하고 이로써 더 나은 인간됨을 위한 상향적 애씀의 길을 분명히 하려는 뜻입니다. 특히 이 하한선을 이루는 윤리는 한국의 역대 대통령들의 통치 행태를 통해 예시하고자 합니다.

잔인殘忍하지 말아야 한다는 것이 마땅한 출발점입니다. 4.3 앞의 이승만처럼, 5.18 앞의 전두환처럼, 세월호 앞의 박근혜처럼, 혹은 이태원 앞의 윤석열처럼 (잔인)해선 안 된다는 말이지요. 남을 돕는 것에는 지혜와 수완이 필요하지만, 잔인하지-'말기'에는 동그란 마음 하나만 있으면 족하므로 사회적 윤리의 하한을 이룹니다. 이는 자경自敬이자 자경自警의 종鍾이랄 수 있습니다. 그 어떤 이데올로기와 정치철학의 고상한 이념도 잔인함을 허용한다면 반드시 자기모순에 내몰립니다. 대개 혁명의 급急/격激은 이 같은 잘못을 피하지 못한 탓입니다.

신뢰信賴는 사회 윤리의 상한입니다. 신뢰는 근본적으로 '내용이 없는 자리'이자 그 관계이므로 이상理想이기도 합니다. 그러나 신뢰가 자라는 것은 생활과 관계의 구체성 속에서 나날이 확인될 수 있을 정도로 드러납니다. 문화와 제도와 인정人情과 태도와 약속과 희망의 공유 등을 통해 신뢰는 차츰 제 모습을 갖춥니다. 종교에서 사랑과 자비를 앙양昻揚하는 것은 능히 이해할 만하지만, 인간사의 현실을 다스려야 하는 사회 윤리 영역에서는 적절치 않은데, 이는 '잔인하지-않기'라는 윤리의 시금석을 들이대면 금세 드러납니다. 종교와 사랑과 혁명과 구원의 미명으로 잔인한 짓을 저질러온 게 부지기수이므로, '잔인하지-않기'라는 최소주의적 경계는 미래적 사회 윤리의 필수품이어야 합니다. '잔인하지-않기'의 땅을 딛고 '신뢰'라는 하늘을 올려다보면서 걷는 인간들의 삶과 관계를 윤리학적으로 사유해보는 일, 이게 이번 강의의 주제입니다.

1. 최대주의 윤리의 역설

'사랑하라'라고 하지만 우리의 실제 경험은 이 윤리가 지속되기 어렵다는 사실을 자주 알린다. 사랑은 애초의 희망과 달리 늘 고장 난다. 다만 중도이폐中道而廢가 아니라 심지어 잘못 만진 독사처럼 치명적인 결과를 낳기도 한다. 그래서 혹자는 사랑의 생리학적 기한을 말하기도 하고, 사랑을 뒷받침하는 문화나 사회적 제도의 불비不備를 탓하기도 한다. 여기서 길게 상설할 것은 아니지만, 사랑의 기원을 살피면 당연히 진화론적 사실에 닿고, 이 사실은 긴 세월 성실하고 충심으로 사랑한다는 게 원초적으로 불가능하다는 점을 새삼스레 확인시킨다. 사랑을 예찬하고 선양한들 지속 가능한 관계의 윤리로서는 아무래도 미심쩍다. 사랑을 강조하면 반드시 (사랑의) '마음'에 집착하게 되는데, 마음으로 마음의 문제를 풀지 못한다는 것은 뻔한 사실이다. '사랑이 많으면 그 비용도 많은 법甚愛則甚費'이고, 대개 '사랑이 많으면 미움이 따르는 법愛多ければ憎み至る'이다.

사랑, 혹은 이와 유사한 개념을 통해 보편적 윤리를 설정하려는 시도는 우선 사랑의 현실적 '물매'를 이해하지 못한 탓으로 보인다. 사랑은 마음을 통해 걸러지므로 마음처럼 그 요동과 물매가 심하다. 이 요동과 물매를 넘어 윤리적 행위의 보편성을 얻고자 한다면 결국 마음을 떠나는 수밖에 없다. 가령 내 왼뺨을 때리는 자에게 오른뺨까지 내미는 것은 차라리 쉬울 수 있다. 그러나 (어떤 이유로) 내가 이미 미워하고 있는 자를 사랑하는 것은 거의 불가능하며, 유익하지도 않아 보인다. 나를 미워하는 자에 대한 내 태도와는 사뭇 다르게, 내가 이미 미워하는 자에 대해서는 나 자신도 (내 마음 탓에) 어쩔 수 없기 때문이다.

사랑이나 자비, 자유나 평등, 평화와 구원 같은 이념은 곧잘 최대주의로 흘러 필경 역설을 피하지 못한다. 사람은 누구나 어리석은 탓에 귀한 것을 오염시키고 남용하는 법이다. '인생사는 과복생재過福生災하니, 과욕을 줄이고 그만두는 법을 익힐 수 있어야 위험하지 않다知止可以不殆.' 사랑의 기쁨을 선용하지 못하고 질둔한 애착에 빠져 일방적인 행태를 강요하거나 급기야 폭력에 이르는 사례는 주변에서만도 흔히 접할 수 있다. 사랑을 도덕과 관습, 제도와 이데올로기, 심지어 축성祝聖을 통해 옹위하는 데에는 사랑의 역사적 현실에 대한 불안이 도사리고 있다. 수업 중에도 퍼질러 자는 것은 예사고, 심지어 교사를 성추행하거나 폭행하는 학생들의 경우는 어떤가. 이는 자유의 역설을 극명하게 보여주는 한편 교육이라는 실천의 성격과 과정에 대한 왜곡된 해석이 어떤 식으로 인적 자원資源의 오남용에 이르는지를 준엄히 경고한다. 개인의 자유를 하한선으로 깔아놓지 못한 상태의 평등주의가 초래한 잔인함은 프랑스혁명이나 러시아혁명 등을 통해 넉넉하고도 끔찍하게 증명된 바 있다. '새로운 유형의 자유주의자un libéral d'une nouvelle espèce'를 자처한 토크빌(1805~1859)은 그의 명저 『구체제와 프랑스혁명』(1856)에서 "엄청난 부富로 가득 찬 이 도시(파리)가

가진 것이라곤 아무것도 없는 사람들의 수중에 내맡겨져 있는 광경은 참으로 놀랍고도 끔찍하다"[1]고 회상한다. 토크빌의 명제는 '자유의 도움을 통해서 평등이 점차 실현됐지만 이로써 자유 그 자체는 더 확보하기 어려워졌다'는 점이다. 그야말로 극단주의의 역설(!)이니, 사랑이든 자유든 평등이든, 그 무슨 좋은 것이든 사람의 일에 관한 것이라면 중용中庸에서 멀어지고선 길게 봐서 좋은 열매를 맺기 어렵다. 그런가 하면 평화와 구원의 이미지는 근본적으로 애매하다. 게다가 평화나 (특히) 구원을 절대시(가치의 극단화)하는 만큼 그 비용을 감시하는 눈이 흐려질 가능성이 커진다. 판돈이 많은 사람은 부모 형제까지 죽이는 게 역사의 거듭되는 교훈일진대, 세계 평화니 영생복락이니 하는 판돈에 눈이 어두워질 때 그 과정에서 생기는 비용과 희생은 흔히 정당화되고 만다. 인간의 일은 조절과 타협을 거치면서 '적절해야' 하는 것이며, 아무리 그 이상이 좋아도 극단주의나 근본주의 혹은 최대주의로는 삶의 일상에 유익하고 지속 가능하게 내려앉지 못하는 법이다. 존 롤스의 구분처럼 타산적인 합리성rationality은 적절함reasonableness과는 다르다.

2. '잔인하지-않기'의 윤리

이 글은 지난 20여 년간 공동체주의('동무론')를 설계하고 실천해오면서도 여전히 자유주의자의 일종으로 남아 있는 내 입장에 내재된 '모순의 일치 coincidentia oppositorum'를 엿보는 작업이기도 하다. 나는 "자유주의자들은 다른 어떤 것보다 잔인하게 되는 것을 두려워하는 사람"[2]이라는 말에 동의한다. 만일 어떤 정치체제든 잔인함을 완벽히 제거할 수만 있다면 그것을 한시적·실험적·계도적으로나마 운용해봐도 좋을 것이다. 결코 완벽하지 않은 제도인 민주제 democracy에 찬성하는 것도 무엇보다 그것이 다른 제도에 비해 '비교적' 덜 잔인해 보이기 때문이다. 그러나 '잔인함이란 무엇인가?'라거나 혹은 '왜 잔인해서는 안 되는가?'라는 물음에 대해 분석적으로 접근할 필요는 없으며, 또 이 글의 범위나 성격상 그리 유익해 보이지도 않는다. 그것은 우선 직관적으로 명료하며 타당해 보인다. "아리스토텔레스가 『니코마코스 윤리학』에서 '잔인성 cruelty'을 그 모습 그대로 바로 인정할 수 있는 것으로 제시한 것은 실없이 한 일이 아니다. 그것은 마치 우리가 삼각형을 확인할 때의 그 확실성 confidence 과도 같은 것이다."[3] 잔인함이 무엇이고 또 왜 기피해야 하는지는 역사의 교훈과 삶의 경험을 통해 무리 없이 합의될 수 있을 것이기 때문이다. 나는 이 사안을 표현하는 하나의 개념적 장치로서 '내가 원치 않는 것을 남에게도 행하지 마라己所不欲勿施於人'(『논어』)라는 공자의 말을 적절히 이용할 수 있으리라고 본다.

    '잔인하지-않기'라는 명제는 취지가 직관적으로 분명하고, 그 현실적 적용의 형식은 '기소불욕물시어인'처럼 최소주의적이며 기본적이다. 당연히 이 짧은 명제에는 구체적인 소재나 내용이 들어 있지 않으므로 현실적인 판단에 부딪히면 논란의 여지가 생긴다. 하지만 잔인하지-않기를 논의의 바탕에 놓고 '덜-잔인하기'를 향하는 방향으로 공론장을 운영해간다면 사회적 윤리로서의 적용에서 특별한 난관이나 약점이 드러나지 않을 것이다. 잠시 주목해야 할 것은 이 글의 논점이 되는 잔인성cruelty이 야만성savageness은 아니라는 점이다. 윤리는 인간사에 관한 것이기에, 잔인성은 자연적 사태를 일컫는 게 아니다. 화산이나 지진, 홍수나 해일, 전염병이나 말벌의 습격 따위는 그 양태와 무관하게 '잔인'하다고 형용할 수 없다. 심지어 옛날 옛적 어느 벽지의 야만인들savages이 보인 잔혹성brutality조차 이 글의 논지와는 어울리지 않는다. 여기서의 잔인성이란 제도적institutional·조직적systematic·문명적civilized인 종류의 것이다. 잔인함은 인위人爲이며 인위人僞의 것이다. 이것은 생명의 본질을 위반하는 과도한 것이며, 때로는 잉여의 쾌락을 위한 것이기도 하다. 고중세에는 니체의 말(『선악을 넘어서』)처럼 왕후장상과 귀족들의 고급문화가 대체로 '잔인성의 세련화나 심화'라는 형식을 띠었다. 역시 니체가 열거한 대로, '투기장의 로마인, 순교의 법열法悅에 감동한 기독교인, 마녀 화형장의 군중, 투우장의 스페인인, 혁명의 피비린내에 취한 시민들'이 그 좋은 사례다. 진순신陳舜臣(1924~2015)의 『영웅의 역사』에는 황제들이 전쟁에서 군사를 부릴 때도 적군을 많이 죽이는 것만이 능사는 아니며 자국의 군사들도 그 전쟁의 잔인함 속에서 '많이' 전사하는 게 자신들의 권력과 권위를 전시하는 도구가 된다는 사실을 밝히고 있다.

잔인함은 생명권은 물론이고 (인성은 아닐지언정) 인정人情에도 어긋난다. 특히 개인의 육체와 그의 실존이 사회적 삶의 주체가 될 때 도무지 수긍할 수 없는 게 잔인성의 문화나 제도다. 알다시피 사회가 안정화되면서 개인주의가 나타났으며, 이 개인주의는 고중세를 누볐던 각종 잔인성의 습속과 행태를 차츰 몰아낸다. '천둥번개 칠 때는 한마음 한뜻'이랬지만, 공포와 위기를 명분으로 삼은 집단주의적 체제 속에서 개인들은 움츠러들고 그 개인들의 자유로운 의견과 비판으로써 가능해지는 잔인성에 대한 방호책防護柵도 허물어진다. 잔인성의 체제와 제도, 문화와 행태는 인격적 개인주의와 정면으로 배치된다. 따라서 집체화collectivization 나 이와 같은 사회문화적 경향성은 잔인성에 대한 노출도를 높이고 이로써 각각의 개인은 인격적으로 책임 있는 실존의 위상에서 멀어져 잔인성의 제도와 행태에 동참하는 자리에 떨어진다. 개인의 자유와 다양성을 위한 선택권이 줄어든다는 점에서 독재는 잔인성이 허용될 가능성을 조직적으로 키울 수 있는 전형적인 체계다. 집체화된 사회에서 개인은 사고하고 행동하는 인격이나 주체가 아니라 쉽게 물상화Verdinglichung 된다. 그러므로 독재 체제 속의 지배 대상은 정치적 행동에 열려 있는 시민들이 아니라, 동원·조작·통제 가능한mobilizable-manipulatable-controllable 대상이 된다. 나치의 광기에 합류한 관료들이 '사유하지 않'는다고 비판했던 아렌트는 '폭력과 잔인성의 대부분은 행위의 능력이 심각하게 좌절된 탓'4이라고 지적하기도 한다. (개인들의 정치적) 행위Aktion는 이른바 탄생성에 근거한 새로운 시작의 능력이 발현된 것인데, 집체주의 속의 물상화된 분자分子들은 '시작'이라는 행위의 결정에 나설 도리가 없는 것이다.

물상화의 도착倒錯과 이에 따른 잔인성은 사고의 배제, 혹은 형식적(메타인지적) 성찰의 결여에 동반된다. 사람의 인격이나 정신, 혹은 실존이나 자긍 등은 물상화될 수 있는 무슨 '내용'이 아니라는 점에 주목해야 한다. 이를 돌려 말하자면 폭력과 잔인성은 사람의 가치나 위상이나 삶의 형식을 돌아보지 않은 채 그 내용성(육체/살)에 일방적으로 몰입하는 행태가 된다. 강간이 그런 짓이며, 묻지마폭력이 그렇고, 전쟁 중의 갖은 학살이 다 그렇다. '수단이 목적을 압도한다'는 말도 결국 강도强度가 가치를, 수량이 존재의 위상을, 내용이 형식을 압도한다는 말이다. 해석과 소문, 이데올로기와 선전, 믿음과 추정이 난무할수록 일단 그리고 무조건(!) '잔인하지-않기'를 그 모든 사회적 윤리의 문턱이자 시금석으로 삼아야 한다.

이 문턱 없이 이루어지는 사회 윤리적 논의는, 그것이 제아무리 고상하고 현학적이라도 반드시 자가당착의 결과를 몰고 온다.

그런 뜻에서 잔인하지-않기의 윤리는 모든 윤리의 문턱이자 문지기gatekeeper의 역할을 해야만 한다.

3. 신뢰라는 무내용의 이상

가령 두 연인의 사랑을 생각해보자. 사랑도 일종의 '역사'이므로 변화하는 과정을 겪고, 이 과정을 통해 다른 많은 인간사와 마찬가지로 자가당착의 결과를 낳곤 한다. 다 아는 대로 수많은 기록이나 보도나 소문을 통해 연인 간의 폭력과 잔인성은 이미 사랑의 관계 속에서 상식적인 풍경이 되고 말았다. '사랑이 많으면 그 비용도 많은 법'이라고 했지만, 비용費 속의 어두움과 그 후과는 초기의 쾌락이 몰고 오는 근시안적 어리석음에 가려져 있다. 그러므로 모든 관계는 최소주의적으로 접근하는 게 현명하고 지속 가능하다. 이 최소한의 요건 중 가장 보편적으로 적용하면서도 구체적인 게 바로 '잔인하지-않기'다. 그것은 사랑의 윤리에서도 마찬가지다. 사랑과 쾌락의 관계는 조화나 절제로써 운용하는 게 쉽지 않아 마치 내리닫는 눈사태처럼 낭패와 불행을 향해 미끄러지면서도 즐거워하는 법이다. 사랑이 현명할 수 있다면 그 관계는 '잔인하지 않아야 한다'는 최소한의 틀과 약속에서 출발해야 한다. 하한을 이루는 약속과 틀에 견결해야만 하는 것은, 스티븐 툴민의 말처럼 '인간의 삶은 서로에 대한 기대가 부서지기 쉬운 자리'[5]이기 때문이며, 또 그만큼 신뢰의 높이에 이르기가 어렵기 때문이기도 하다.

사랑조차 이럴진대 다른 모든 사회적 관계에서라면 더 말할 나위도 없다. 사사로운 우정에서부터 중요한 정치적 결정에 이르기까지 인간관계의 근본, 그 굄돌에 해당되는 게 '잔인하지-않기'다. 각종 인간관계에서 꽃피울 성취가 무엇이든, 그 성취의 바탕에 잔인함이 서식·번식한다면 이는 도로아미타불을 넘어 재앙을 불러올 수 있다. 관계의 지속을 위해서는 아랫돌을 괸 후에 윗돌을 놓아야지, 햇살에 노출된 윗돌의 휘광에만 취해 기초를 부실히 한다면 조만간 그 관계의 건물은 세월의 흔적과 갖은 인간사의 곡절을 견디지 못할 게 뻔하다. 이에 비해 신뢰는 그 윗돌 중에서도 빛나는 정점頂点, 한옥이라면 용마루나 치미鴟尾에 해당된다. 비유하자면 용마루나 망새는 사람이 사는 곳이 아니지만 건물의 견고성이나 위세를 나타내는 표지가 된다. '시를 배우지 않으면 말도 못한다不學詩无以言'(공자)고 했지만, 비록 일상의 대화를 시詩로써 펼치진 않더라도, 시는 말의 정화精華이면서 말의 건축에서 유래한 신뢰의 표지가 된다.

'신뢰만이 진정한 유대의 토대'(아렌트)라는 사실은 누구의 사상이 아니라 누구나의 상식이다. 나는 윤리의 높낮이가 사회적 유대성의 성격에 의해 표현되며, 그 내재적 동인은 신뢰라고 본다. 프랜시스 후쿠야마의 말처럼 '신뢰가 가족이나 혈족 등의 범위에 묶여 있으면 그곳은 저신뢰 사회low-trust society'에 속한다. 신뢰가 낮으면 낮을수록 인간관계의 비용은 증가하며, 더 불편해지고 더 위험해질 뿐 아니라 마침내 잔인성을 제도적·체계적으로 용인할 가능성이 높아진다. 신뢰가 혈족과 부족의 단결에 이바지한다면 당연히 배타적으로 흐르고 공공재로서의 가치를 잃는다. 신뢰는 개방적이어야 하며 이로써 보편성을 얻는 쪽으로 (재)구성되어야 하기 때문이다. 혈족주의적 결연이 신뢰라고 한다면 텃세마저 신뢰라고 해야 할지도 모른다. 엄밀히 말하자면 부족주의의 한계에 묶이는 닫힌 성격의 신뢰는 이미 신뢰라고 할 수도 없다. 사회적 윤리의 내재적 토대가 되는 신뢰는 '애초 이러한 신뢰의 계기를 제공했던 감정적 동기(내용)가 사라져도 구조상 변치 않는 형식'[6] 속에 남아 있으므로, 그 성격상 사사로움을 이겨낸 공적 자원이 된다. 이런 뜻에서 신뢰는 내용이 없는 형식인데, 여기서 내용이란 호오好惡나 정실情實 등의 사적 동기 일체를 말한다. 그러므로 사람의 심리가 무엇이고 어떠한가에 대해 조금이라도 탐색해봤다면 '내용이 없는 (마음의) 형식'이라는 게 얼마나 지난지사의 이상인지를 쉽게 알아차릴 수 있다. (여기서 상설할 바는 아니지만, '내용이 없는 마음의 형식'이라는 점에서 신뢰는 '집중'과 묘하게 닮아 있다.) 그래서 나는 신뢰를 사회 윤리의 상한으로 여기며, 심지어 반사실적·규제적 이상理想으로 볼 뿐 아니라 사랑이나 자비와 같은 종교적 이념에 버금간다고 판단한다.

내가 긴 세월 공동체의 형식(인문연대의 미래 형식으로서의 '동무')과 그 윤리를 탐구하는 중에 '집중'이나 '신뢰'를 중요한 매개로 여긴 이유가 상술한 평가에 있다. '발걸음은 탄탄하고 하늘은 높다'는 식으로, 잔인하지-않기를 땅에 깔고 신뢰의 축으로 하늘을 삼는다. 앞서 말했듯이 신뢰는 개인의 정서나 욕망, 인맥이나 정실과 같은 내용이 깨끗이 정화되고 남은 마음의 형식일 뿐이기에 완전히 달성하기는 어렵다. 이는 이른바 허실생백虛室生白해서 얻는 마음의 빈터Lichtung와 같은 것이므로 일종의 수행적 경계마저 요청하게 된다. 이러한 종류의 신뢰는 내가 오랫동안 주장해온 것처럼 '동무' 사이, 혹은 수행자나 학인들 간의 관계를 향도하는 이상으로서는 괜찮아 보인다. 그러나 잡스러운 인간사가 들끓는 사회정치적 현장에서 바로 내세울 윤리로서는 적절치 않을 듯하다. 매사 어뜩비뜩한 인간사 가운데서도 특별히 갖은 욕망이 거세게 활개 치는 정치와 시장에서는 의리와 신용이라면 몰라도 종교수행적 성취에 어금버금한 신뢰를 희망하기는 어려울 것이다. '신뢰 없이는 설 수 없다無信不立'고 했지만, 지금의 세속은 신뢰 없이도 잘 행세하는 곳이 아닌가.

4-1. 이승만과 4·3사건

이승만(1875~1965)은 국민의 피로써 몰아낸 독재자이고, 박정희(1917~1979)는 긴 독재 끝에 여자들의 시중을 받는 연회장에서 제 부하의 손에 살해되었으며, 전두환(1931~2021)과 박근혜(1952~)는 법정에서 단죄된 죄인들이고, 윤석열(1960~)은 현재(2024년 12월) 내란 혐의로 탄핵소추안이 통과되어 헌재憲裁의 심판을 기다리는 중이다. 한 나라의 대통령이란 다 아는 대로 국가를 대표하는 원수元首이고 행정부의 수반이며, 이에 따라 긴급명령권이나 국군통수권 등의 여러 권한을 가진다. 하지만 이 글의 취지, 그리고 내 관심사에서 보자면 이는 '거대한 판돈의 자리'이기도 하다. 일론 머스크나 이재용의 경우와는 달리 대통령의 판돈은 공공재이므로 임용되는 자리에서 "국민의 자유와 복리의 증진……을 위해 직책을 성실히 수행할 것"(취임 선서 중)을 약속하게 된다. 판돈이 클수록 기회와 위기도 동시에 커지기 때문에 대통령 개인은 위기를 회피하면서 기회를 선용하겠노라는 선서를 하고, 삼권분립의 제도로써 그 선서의 취지를 실무적으로 뒷받침하게 된다. 그러나 '되면 더 되고 싶다'고 하듯 워낙 사람의 욕심은 제어하기가 어렵다. 게다가 제 수중에 든, 혹은 눈앞에 놓인 판돈이 비상할수록 역시 비상한 짓을 할 유혹은 커지게 마련이다. 이 판돈을 놓고 벌인 유혈과 도착倒錯의 짓거리는 천륜이니 인륜이니 하는 삶의 기본적인 의리조차 내팽개치게 만든다.

역사 속에 등장하는 수많은 권력자의 행태에서는 이런 사례가 헤아릴 수 없을 만큼 많이 보인다. 가령 묵특선우冒頓單于(?~기원전 174)는 제 아비인 두만선우頭曼單于를 죽이고 흉노제국을 차지했고, 여후呂後(기원전 241~기원전 180)는 제 가족과 친지를 잔인하게 죽이면서까지 개인 권력의 만세를 도모한다. 비근한 사례를 들자면, 박한상朴漢相(1971~)은 100억대에 이르는 유산을 노리고 1994년 5월 19일 제 부모를 무참하게 죽였으며, 경기고-서울대-사시 합격에 법무부 차관을 지낸 김학의金學義(1956~)는 지인인 건설업자의 별장에서 여러 차례 성 접대를 받았고 특수강간 혐의로 입건되어 수사를 받았지만 검찰의 비호로 결국 무죄 판결(공소시효 만기)을 받는다. 누구든 무슨 일을 하면서 살든 삶의 판(자리)에서 남다른 판돈(금력과 권력)을 부릴 수 있게 되면 그는 자신의 욕망을 좇아 남다른 짓을 범하고 이웃에게 끼치는 피해나 잔인함을 개의치 않게 되는 법이다. '말 타면 종 두고 싶다'거나 '득롱망촉得隴望蜀'은 어느 먼 곳 남의 일이 아니다.

특히 이승만의 판돈은 대단했다. 그는 긴 독립운동의 이력과 고학력을 배경으로 일약 정치권의 스타가 되었고, 제2차 세계대전 이후 동아시아를 냉전의 전초지역으로 재배치하고 있던 미국의 극동 전략을 뒷배 삼아 정략적으로 운신함으로써 초대 대통령의 자리에 올랐다. 이어 해방과 좌우 분열의 불안정한 정정政情을 빌미 삼아 정치적 탄압의 잔인함을 용납하거나 부추겼다. 2003년 발간된 제주 4·3사건에 대한 진상 보고서에 따르면 당시 제주 인구의 10퍼센트에 해당되는 3만 명에 가까운 도민이 희생당했다. 문서의 결론은, 특별히 잔인했던 이 무차별한 인명 살상의 가장 큰 책임이 (미 군정과 더불어) 이승만에게 있다는 것이었다. 이승만은 취임 이후 첫 계엄령을 제주도를 대상으로 공포(1948년 11월 17일)했는데, 11월 중순부터 이듬해 3월까지의 4개월은 잔인한 학살이 집중되었던 시기다. 이씨는 무수한 국민이 이념 분쟁의 와중에서 떼죽음을 당하고 있던 때에도 망설임 없이 토벌을 재촉했다. 1949년 1월 21일의 국무회의에서는 "제주도와 전남 사건(여순반란)의 여파를 완전히 발근색원拔根塞源해야 미국의 원조가 적극화할 것"이라면서 "지방 토색의 반도叛徒 등 악당을 가혹한 방법으로 탄압해 법의 존엄을 표시할 것"이라는 이승만의 발언이 남아 있다. 초대 참모총장인 이응준의 자서전에도 "이 대통령의 독촉을 받은 일이 있는데, 제주도 공비 토벌 작전이 이렇다 저렇다 하는 보고는 관두고 공비가 없어졌다는 보고를 듣고 싶다고 재촉했다"(양조훈, 『제주의 소리』, 2024년 1월 20일).

최고위 정치인에게 살신성인이나 극기복례위인克己復禮爲仁 따위를 주문하는 게 아니다. 추종을 불허하는 수(3355건)의 상언과 격쟁을 수용한 정조처럼 '백성의 민원 듣기를 즐겨한다'거나 '비가 너무 많이 와도 내 탓 안 와도 내 탓만 같았다'(노무현) 식의 관후한 인품조차 기대하지 않는다. (나는 살아 있는 문어나 새우 등을 냄비에 넣어 끓이는 짓이나 살아 꿈틀거리는 낙지를 먹는 짓에 거의 혼비백산하는 편이니) '사린四隣의 윤리'를 주장해온 내 인정人情으로 말

하자면 다만 사람에게만 그 정情이 동動하는 게 아니라, 제 통치권이 미치는 영역 내에서 사건·사고를 당해 잔인하게 죽어가는 국민이 단 한 사람이라도 있다면 최소한 자기 책임감Selbstverantwortungsgefühl(베버)이라도 느낄 수 있어야 한다는 말이다. '타인의 고통에 아프지도 가렵지도 않다他人の苦しみには痛くも痒くもない'면 그 잔인한 성벽과 탐욕으로 '국민의 복리와 자유의 증진'을 입에 올릴 염치가 어디 있겠는가. 더구나 눈에 보이지도 않고 자물쇠를 채워둘 무슨 '내용'이 있는 것도 아닌 '신뢰'를 희망하는 자리에 이르러서야!

제주의 유학자인 김경종金景鍾(1888~1962)의 『백수여음白首餘音』에 있는 글(「이승만 성토문」) 중 일부다. "옛날 항적項籍(기원전 232~기원전 202)은 진나라의 항복한 병사 40만을 살해하였다. 만세에 모두 무도하다고 일컫는다. 지금 이승만이 나라 안 죄수 수십만을 죽였으니 그 포학무도함이 항적과 더불어 과연 어떠한가. (…) 승만의 죄는 천 번 참수하고 만 번 도륙을 내어도 오히려 남은 죄가 있다. (…) 남한의 수십의 형무소는 차고 넘치어 수십만에 이르고 있다. 북(한)군의 입성에 이르러 '부화뇌동할 염려가 있다'고 말하고 급히 학살령을 내렸으니 (…) 승만의 포학무도가 이에 여기에 이르렀다."(『제주의 소리』) 제주 출신의 소설가 현기영은 자신의 소설(「쇠와 살」)에서 이렇게 절규한다. "아, 너무도 불가사의하다. 믿을 수 없다. 이해할 수 없다. 전대미문이고 미증유의 대참사이다. 인간이 인간을, 동족이 동족을 그렇게 무참히 파괴할 수는 없다. 그것은 인간의 죽음이 아니다. 짐승도 그런 떼죽음은 없다." 이승만-박정희-전두환-노태우-이명박-박근혜-윤석열로 이어진 친일 우파 계열의 권력자들은 물론 저마다 공과가 달라 일괄해서 평가할 수는 없다. 그러나 이들 모두에게는 하나같이 살인자 아니면 사기꾼의 전력과 면모가 있는데, 그중에서도 잔인함과 그 객관적 후과의 잣대에서 1순위에 오를 자는 단연 이승만일 것이다.

4-2. 전두환과 5·18

이승만은 표정을 읽기 어려운 노회老獪를 지녀 그 성정과 욕망을 분별하기 힘든 탓에 그가 살아온 구체적인 사정을 놓치면 조감하기가 쉽지 않다. '눈은 마음의 고발자目は心の報告者'라고도 하지만, 눈이 작고 표정이 의뭉스러운 구석이 있기는 김종필金鍾泌(1926~1918)도 마찬가지인데, 그가 긴 일생을 거치면서 늘 권력의 자장에서 멀어지지 않았던 이유도 이 같은 의뭉스러움과 꾀바른 선택이 묘하게 계합했기 때문일 듯하다. 내게 흥미로운 점은 이재명李在明(1963~)의 눈이 그처럼 작을 뿐 아니라 역시 그 표정에 의뭉스러운 구석이 제법 뚜렷하다는 것이다. 김대중-노무현-문재인으로 이어지는 진보 정권의 수장들은 하나같이 관후하고 소탈하며 선량한 인상이 두드러지는데, 특이하게도 이재명은 이 인상의 계선으로부터 이탈할 뿐 아니라 심지어 (경우에 따라서는) '잔인할 수 있는' 성품으로 비쳐 그가 권좌에 오를 때 벌어질 개혁의 정도나 범위에 내심 색다른 기대가 생기기도 한다.

전두환은 생김새부터 시중의 깡패를 방불케 한다. 실제 대구공업고등학교 시절에는 싸움질로 꽤 이름을 날렸다고도 한다. 직절直截하고 투박하니 속에 숨은 게 얼굴에 모조리 드러난다. 박정희도 군인에 쿠데타 출신이란 점에서는 같지만 공적으로 표상된 이미지들 속의 성격은 차분한 데다 발성이나 외모도 숙연肅然한 구석이 있어 전두환처럼 왈패스럽진 않다. 박정희가 실제로 긴 세월 엄혹한 독재를 펼쳤으면서도 적잖은 국민에게 근면 강직한 이미지를 뿌린 데에는 이런 인상이 한몫했을 법하다. 의외로 심약한 노태우는 별 인상이 없는 게 제 인상이랄 수 있다. 그는 전씨처럼 야만스럽지도 않고 이씨처럼 노숙老熟한 것도 아니며 박정희처럼 강직한 모습도 아니다. 그렇다고 이명박처럼 졸렬해 보이지도 않는다. 김영삼은 세력 있는 유족한 집안의 외아들처럼 어리석고 밝아 투명해 보이기까지 한다. 세월의 흔적조차 남아 있지 않은 듯한 그는 소년 같은 단직端直한 자신감으로 한 시대를 풍미한다. 어쩌면 이 태평스럽기조차 한 자신감은 그가 지닌 최고의 미덕인지도 모른다. 김대중은 표정 속에 한 시대를 굵게 누빈 자취, 그리고 거친 상처를 풍화시켜 얻은 관후한 결기와 지혜가 돋보인다. 노무현은 박후樸厚하고 질소質素하지만 오히려 이 탓에 경동輕動의 혐의를 부른다. 그러나 '가볍다輕'는 말은 '신분이 낮다輕'는 표현의 정치적 은어이며 그는 제 신념에 '빠르거나敏'나 총명할敏 뿐이다. 박근혜는 자신의 원망과 관념 속에 굳어 마른 얼굴을 하고 있(었)다. 부모의 영광과 재앙을 골고루 나누어 지녔으면서 그 사이에 에고를 끼워넣어 그만 나태하고 매정해지고 말았다고나 할까. 문재인은 노무현과 쌍생아이되 이란성alter ego이고, 심지어 이들은 서로의 무의식을 표현하고 있다. 그는 수경守經에 기울어 행권行權에 서툴고 지기知幾하는 마음의 촉을 벼리지 못했다. 호인好人이다. 윤석열의 장점은 오직 두목 행세bossiness 하는 것인데, 이로써 어리석음과 어두움을 품는 공룡의 날개가 된다.

전두환은 윤석열처럼 넉살이 좋다. 두목 행세에 거침이 없다는 점에서 둘은 닮았지만, 전씨는 윤씨와 달리 제 하수下手들을 거두고 보살피는 건달스러운 의리가 있을 뿐 아니라 윤씨와 달리 몸을 굴려 살아온 이력으로 나름의 강단이 있어 전과 윤의 성깔은 같은 종류의 것이 아니다. 전두환은 생김새대로 머리 쪽이 부실한 탓에 대학(육사)의 성적은 바닥을 기었지만 체력이 좋고 깡이 있어 통솔력에 실감을 더한다. 주당酒黨인 데다 자신이 하는 일의 성격조차 제대로 파악하지 않은 채 검찰 권력의 카르텔과 자기 아내의 인맥에 둘러싸인 '환상적인' 윤석열과는 다르다. 전씨는 광주의 희생을 딛고 권좌에 오른 후 김재익, 김기환, 사공일, 차수명 등으로부터 경제 관련 과외를 열심히 받았고, 결국 "나름대로 우리 경제의 문제점과 끌고 나갈 방향과 시책이 정립되더라"(『중앙일보』,「강준식의 정치비사」, 2020년 3월 30일자)라고 회고한 바 있다. '훔친 게 제일 즐겁다—盜'고 했던가. 살상과 불법으로 취득한 장물이긴 했지만 전두환은 제법 진지하게 대통령 놀이를 하려 했던 모양이다.

그러나 전두환은 잔인한 인간이다. 이승만이 교활하게 잔인하다면 전씨의 잔인함은 눈치 없이 뻔뻔하다. 잔인함은 그 모든 판단을 마비시키는 유일무이한 잣대다. 반복하건대 잔인함은 윤리의 하한선을 침범한 것이며, 이 하한선은 변명하거나 증명할 필요조차 없는 '악惡의 무의미한 중핵'(슬라보이 지젝)이다. 1980년 5월은 부산에 거주하던 내게도 공포의 체감이 쓰나미처럼 밀려오던 슬픔과 분노의 시간들이었다. 나는 학생운동이나 민주화 투쟁의 대열에 힘을 보탠 적이 없지만, 5·18은 줄곧 사회적 양심의 종양腫瘍처럼 내 가슴속에 엉켜 있어, 이후 기회가 생길 때마다 반응 형성적인 과잉된 기분에 휩쓸린 채 이런저런 기고문을 통해 '전두환을 죽여야 한다'는 비명悲鳴 혹은 주술 같은 주장까지 펴곤 했다. 역사적 해소의 계기를 위해 나는 지금도 김대중이라는 관후장자寬厚長者 탓에 전씨의 사면이 이루어진 것을 애석하게 여기는 편이다. 2017년에 해제되어 알려진 미국의 비밀문서에 의하면 전두환을 정점으로 한 신군부에게 "광주 시민은 베트콩이었다"(장규석 특파원, 노컷뉴스)고 한다. 전씨는 완력과 통솔력이 있으며, 당시로서는 최상급의 군사 기술을 익힌 전사戰士였고, 실전 경험도 있었다. 특히 1959~1960년 미국에서 군사 유학을 했는데, 특수전 학교, 심리전 학교, 레인저 스쿨, 그리고 유격훈련 교관 과정 등을 우수한 성적으로 이수했다. 전두환은 자신의 야심을 채우기 위해 타고난 거친 성정과 배운 군사 기술을 한데 버무려 광주 시민들을 잔인하게 학살하는 기획자가 되었고, 이후 장수하며 죽는 날까지 단 한마디의 사과나 애도의 말도 없었다. 그는 실로 뼛속까지 잔인한 인간이었다.

4-3. 김대중의 눈물

김대중은 천신만고의 역정을 딛고 네 번의 도전 끝에 15대 대통령에 당선(1998년 2월)되었고, 불과 수개월 후(7월)에 전두환 등 전직들을 청와대 만찬에 초청했다. 전두환은 자신의 회고담에서 평생 가장 행복했던 순간으로 이 만찬 중 김대중이 자신에게 현직의 경험에서 얻은 지혜를 물어보았을 때라고 말했다고 한다.(『전민일보』) 그야말로 멧돼지가 부처의 발을 물어뜯는 순간이 아닐 수 없으니, 피도 눈물도 없는 이 인간이 '소리 내어 울 줄 아는 대통령'(프레시안, 2009년 3월 21일)의 심사나 그 삶의 지평을 짐작이나 할 수 있었을까.

나는 김대중을 '우는 대통령'으로 기억한다. 그것도 불행을 당한 이들을 위해 맘껏 소리 내어 오지게(!) 우는 사람으로 연상하곤 한다. (전두환은, 이명박은, 박근혜는, 윤석열은 과연 이웃의 아픔에 자기 마음을 돌보지 않고 울 수 있는 인간들일까? 나는 이들의 얼굴만이라도 제대로 조감한다면 그러한 공감의 모습을 떠올리는 것은 불가능하리라고 본다. 또한 비견하자면 노무현이 탄핵당했을 때의 유시민처럼 그렇게 처절하고 성실하게 울 수 있는 정치인이 박근혜나 윤석열의 배후에도 있을 수 있을까?)

1987년 9월, 김대중은 연금과 망명, 그리고 몇 차례 죽음의 고비를 넘긴 후 16년 만에 광주를 찾아 망월동에서 오열한다. 그 울음은 참으로 진하고 장한 것이었다. 벅차게 쏟아내는 그의 울음은 억울하게 죽은 이들과, 그들을 마음껏 애도하지도 못하고 있는 그 가족 및 이웃들을 한 몸뚱이 속으로 불러들여 해원解冤시키는 진심 어린 것이었다. 김대중을 여운형(1886~1947)과 더불어 대한제국 이후 최고의 정치인으로 여기는 내 판단에는 그의 이 같은 인간적 면모가 마치 화룡점정같이 빛나게 자리하고 있다. 2009년 5월, 노무현이 이명박의 검찰에 시달리던 중 스스로 몸을 던져 목숨을 버렸다. 참으로 노씨다운 삶에 노씨다운 죽음이었다. 5월 29일의 영결식에 찾아온 김대중은 휠체어에 앉은 채로 권양숙의 손을 부여잡고 엉엉 울었다. 그는 참으로 아이같이 엉엉 울었다. "다섯 번의 죽을 고비를 넘긴 투사가, 노벨평화상을 받은 거목이, 민주화의 상징이 입을 벌리고 울었다."(김택근, 「김대중의 마지막 눈물」, 『경향신문』, 2019년 3월 16일)

작가 한강은 『채식주의자』에서 '폭력의 반대는 젖가슴'[7]이라고 했지만, 내 생각에 잔인함의 반대는 우선 가슴에서 솟아오르는 눈물이다. 그것도 고통과 불행을 당한 피해자의 심중으로 직입直入할 수 있도록 의식儀式이나 체면이나 상황에 개의치 않고 마음을 열고 울 수 있는 서恕요 측惻이요 인仁이다. 잔인하지-않기는 차마 할 수 없음不忍이라는 부정의 형식을 띤 윤리의 기초에 불과하지만, 타인의 불행 앞에 진심을 다하는 울음이란 이미/언제나 차마 할 수 없음을 아득히 넘어선다. '남의 마음을 헤아리려면 (먼저) 차마 할 수 없음의 마음을 지녀야推恕須從不忍人'(성혼成渾, 1535~1598) 한다지 않던가. 우리 현대 정치사에서, 그것도 최고

위급의 정치인으로서 김대중처럼 우는 사람을 본 적이 있는가? 김대중의 놀라운 성취들은 그 근본에서 '잔인하지-않기'로부터 쌓아올린 탑이었으며, 그의 전무후무할 울음은 그에게 걸어봄 직한 신뢰에 진정성을 더한다.

4-4. 박근혜와 세월호

김대중의 눈물을 읽은 뒤 박근혜의 메마른 얼굴과 몰인정한 눈매를 마주하는 일은 쉽지 않다. 박씨는 왜 그리 어리석고 나태하며 비정한 인간으로 우리 역사에서 제쳐지고 말았을까. 20년에 이르는 궁궐생활, 부모 둘 다 충격적인 총살을 당해 잃은 것, 그리고 이어지는 정치사회적 고립의 와중에 원망을 쌓아 생활의 중도中度를 잃고 극단적인 심리적 분열을 겪으며 오직 사적 환상 속에서만 운신하게 되었던 것일까. 측은지심惻隱之心은 맹자 등이 인仁의 근원으로 제시한 인정人情인데, 타인의 불행이나 고통을 자연스레 가엾게 여기는 마음이다. 그만큼 이 마음은 사람됨의 밑절미를 이룬다. 수년 전 나는 여러 해외 영화제에서 수상하며 이름을 얻은 단편영화 하나를 어렵사리 찾아봤는데, 마침 첫 장면에서, 주인공이 문을 열고 집 안에 들어가다가 현관 바닥에 꼬물거리는 벌레(실물) 한 마리를 밟아 죽이는 모습을 보곤 단번에 속이 상해서 더 이상 영상을 볼 수 없었다. 내겐 그것조차 불인不忍이었다. 아쿠타가와 류노스케(1892~1927)의 단편「거미줄蜘蛛の糸」(1918)에는 어느 지악무도한 인간이 이생을 살면서 거미 한 마리를 살려준 단 한 번의 선행으로 부처님에 의해 지옥으로부터 (거미줄로써) 구제되는 이야기가 나온다. 2014년 4월, 세월호 침몰 사건으로 죽은 이는 304명이다.

2014년 10월 29일, 박근혜가 시정 연설을 위해 국회를 방문하던 길이었다. 그곳에는 전날부터 노숙을 하며 박씨를 만나고자 기다리던 이들이 있었다. 세월호 참사에 희생된 이들의 유가족이었다. 그날 박근혜가 국회 본청에 입장하는 길목에서라도 잠시 자신들의 이야기를 들어달라는 게 요청의 전부였다. 박근혜는 '대통령님, 살려주세요!'라고 외치는 이들의 함성을 무시하고 외면한 채 서북풍처럼 오다니면서 일정을 소화했다. 어떤 어려운 요청도 아니었고, 게다가 어쩌면 작은 관심과 호의가 권력자의 정략적 이미지 제고를 위해서도 주효했을 법한 계기였다. 그러나 최고 통치자 박근혜는 수백 명의 무고한 죽음을 가슴에 묻은 채 절규하고 있는 시민들의 애원을 얼음장 같은 표정으로 뿌리치면서 지나다녔다. 이상한 직관이었지만, 나는 이 장면에 마음이 꽂혀 순간 치를 떨었고 이 정권이 몰락한다면 바로 이 순간의 잔인함에 합응合應하는 사람들과 신명神明의 공분共憤 때문일 것이라고 믿고 싶었다.

4-5. 윤석열과 이태원

절규하며 관심을 호소하는 세월호 희생자 가족들을 잰걸음으로 물리치는 박근혜의 모습에서 잔인함이 도드라졌다면, 이태원 희생자의 가족들을 대하는 윤석열의 태도에서 이 잔인함은 기이한 무관심과 섞여 고스란히 반복된다. 2022년 10월 29일 서울 용산구 이태원동에서 핼러윈 축제로 수많은 인파가 몰린 와중에 압사 사고가 발생해 159명이 사망하고 195명이 부상을 당했다. '윤석열의 태도'라고 했지만, 실은 아무런 태도가 없는 게 그의 태도였다. 국민 300여 명이 사상死傷한 사고에 대한 윤씨의 일관된 모습은 '회피'였다. 그는 희생자 유족들의 면담에도 응하지 않았고, 유족들이 주최한 추도회에도 참석하지 않았으며, 책임자에 대한 처벌도 소홀히 해서 사고 2년 후 용산경찰서장이 1심 금고형을 받은 게 전부다. 그 와중에 희생자의 위패나 영정조차 없는 분향소를 일방적으로 설치해서 애도 쇼를 벌이는 등 이 끔찍하고 애석한 참사를 대하는 윤석열의 공허하고도 잔인한 태도는 어이가 없어, 하도 이상할 대로 이상한 이 인간의 생각을 휘어잡고 있을 법한 미신과 환상과 애착을 추궁하고 염려하지 않을 수 없는 지경이 되었다. 손바닥에 왕王자를 그린 채 정치판에 나타나서 천공이니 만공이니 하는 인승무레기들의 입김에 놀아나는 윤씨는 이미 공자 시대 이전에 청산된 무군일체巫君一體의 최신, 최저질 판본이 아닌가 싶기도 하다. 급기야 그는 이태원 참사에 음모론을 제기하면서

"특정 세력에 의해 유도되고 조작된 사건일 가능성도 배제할 수 없다"는 망언을 흘리기까지 했다.

지난 2년여를 겪어본 윤석열은 그야말로 끔찍하다. 느물거리고, 건들거리고, 몽따고, 생청붙이고, 왁달박달하고, 데퉁스럽다. 그러나 무엇보다 충격적인 인간 실종의 모습은 불행을 당한 사람에 대한 상정常情과 공감의 완벽한 부재, 그리고 이로써 드러나는 잔인함이다. 윤씨는 "야당에 경고하기 위해" 제멋대로 계엄령을 발동해서 국회에까지 군인들을 동원했으며, 윤씨와 그의 수하들은 정권을 공고히 하고 정쟁政爭에서 우위를 점하기 위해 전쟁조차 불사할 작정으로 준비하고 움직였다는 여러 정황 증거도 쌓여가고 있는 듯하다. 일반 국민의 안전은 물론이고 고통을 겪는 이들을 대하는 윤석열의 모습은 불감증 그 자체로 보인다. 사람을 조감藻鑑하는 게 그렇게도 어려운가. 어찌 이 같은 자를 대통령으로 뽑아 올렸는가.

5. '잔인하지-않기'의 꿈

득호취수得好就收라 했으니, 인간들 사이의 윤리는 적절함reason-ableness을 유지하려 애쓰면서 기본에 철저할 뿐 과욕을 부리지 않는 게 좋다. 사랑과 우정의 관계에서도 쾌락을 '더' 키우려는 기대나 요구를 접고 외려 최소주의적 단서를 면밀히 살피면서 관계의 지속 가능한 지혜를 잃지 않도록 하는 게 낫다. 마찬가지로 이웃이든 이민족 사이든 인간관계 일반에 관한 윤리는, 인간을 낙관적으로 여기면서 긍정적으로 지향하는 이상理想을 설정하기보다는 인간을 비관적으로 보고 그 하한을 부정적으로 다져놓는 편이 훨씬 더 안전하며 필경 더 나은 결과를 얻게 된다. 나는 이 규제선으로서 '잔인하지-않기'보다 더 나은 것을 알지 못한다. 인간의 삶은 어긋남과 궁색한 변명으로 이루어져 있고, 그 약속과 기대는 쉽게 깨지며, 발호하는 감정이 집단적으로 응집된 이후에 잔인한 태도와 폭력의 물꼬를 다시 틀어막기는 거의 불가능하다.

이데올로기나 종교, 도덕이나 정치체제 등속의 전통적인 가치관으로써는 인간의 끝 모를 잔인함에 대한 접근이 부실하거나 안이할 수밖에 없다. 이념 전쟁이나 종교 전쟁, 도덕적 마녀사냥, 심지어 새로운 세상을 열자던 정치적 혁명조차 인간의 어리석은 잔인함을 전시하는 자리로 내려앉은 예를 역사는 부지기수로 증명하고 있다. 무엇보다 먼저 (거의 맹목적으로!) 잔인함을 야물게 잡아야만 한다. 윤리에 구체적인 내용이 들어앉아 있는 경우는 특이하고 예외적이긴 하지만, '잔인하지-않기'는 그 적용의 보편성과 내용의 구체적인 한계로 인해 내용적 형식, 혹은 형식적 내용의 구색을 두루 갖출 수 있다. 시작은 '잔인하지-않기'다. 이것은 아직 별것이 아닐 수 있지만, 모든 인간의 관계가 이 작은 토대 위에서 견실해질 때에만 새로운 하늘(신뢰)의 꿈을 더불어 꿀 수 있을 것이다.

4장
누적적 계기론:
방법, 방편, 계기, 자득, 구제

이번 강의에서는 자득自得의 일반 논리를 해명합니다. 자득이야 말로 정신의 성숙과 자기 구제의 공부길에서 알짬을 이룹니다. 사실 정신과 인격의 자득이 없는 지능intelligence은 근년의 한국 사회를 위태롭게 격동시키고 있는 내재적 원인이기도 합니다. 이것은 법률가나 의사나 교수 등 사회의 지도적 위치에 있는 이들이 거쳐온 교육, 그리고 이들의 사회적 성공을 도운 지적 자질의 성격을 심각하게 의심하도록 만들기도 합니다. 자득이 없는, 즉 자라지 않는 정신은 이미 죽은 것이므로, 그러한 지능과 지위와 성취는 인정人情과 상덕尙德에 부합하지 않으며 필경 유익하지도 않습니다.

자득의 길과 이치를 다섯 단계(방법, 방편, 계기, 자득, 구제)를 통해 해명하되, 특별히 방편과 계기에 역점을 둡니다. 이 글에서 '방법'은 비판·지양되며 또한 '자득과 구제'는 결과물이므로, 논의의 초점은 '방편과 계기론'이 됩니다. 방편은 실천적 구제의 공부길에서 널리 쓰여온 권權, 기奇, 편便, 혜慧, 술術 등을 말합니다. 계기 Gelegenheit는 간단히 말해 자득이 생겨나는 내재적 메커니즘인데, 활성화된 무의식과 타자적 우연성이 만나면서 이루어진 누적적 기연起緣과 그 동력을 가리킵니다.

우리 교육은 자득을 가르치지 않고 그럴 능력도 없습니다. '정신은 자란다'라는 대의에 완전히 무지합니다. 현 교육 체제에서의 학습은 성숙과 인격의 심화를 통하지 않고, 계교적 지능의 활성화에 몰두할 뿐입니다. 그게 지금의 꼴과 짓입니다. '자득의 공부'는 세속에의 적응과 유능함에 치우치지 않고, 그 정신을 자라게 하며 생활양식을 근본적으로 재구성하여, 삶과 죽음의 길에서 온전히 평온하고 지혜로울 수 있는 공부길을 제시하고자 합니다. '누적적 계기론'이란 자득의 공부가 실제로 진행되는 내재적 조건을 밝혀줍니다.

1. 방법

　방법method은 홀로 존재하지 않는다. 그것은 '목적'과 켤레를 이룬다. 방법이란 결국 무엇인가를 하기/얻기 위해서 이용되는 것인데, 만약 동기나 목적 없이 행위만 계속된다면 그것은 비합리적이거나 심하게는 미친 짓이다. 그래서 방법은, 그 모든 비상한 애씀이 그러하듯이 양날의 검이다. 방법이 부실하면 자연히 성취를 기대할 수 없지만, 동시에 인간사에 대처하는 모든 방법이 그저 역사 속의 방편方便일 뿐 아니라 인간 자신의 개입에 물려 있다는 사실을 알지 못하면 그것은 필경 방법-주의method-ism로 변질돼서 자익自溺하고 만다.

1-1.

예를 들어 근대화나 합리화는 과학적 제도나 문화를 구비하지 못했던 고중세적 태도에서 벗어나 '올바른, 객관적인 방법'을 구하려는 관심과 관련된다. 철학사에서도 데카르트, 스피노자, 라이프니츠의 경우처럼 이른바 보편학 Mathesis Universalis의 이념 아래 범수학주의 pan-mathematicism 나 기하학적 방식 More Geometrico 이 널리 응용된 점은 잘 알려져 있다. 방법은 매개이거나 수단이므로, 방법의 중개 탓에 목적에 이르는 길이 왜곡·오염되거나 비용이 너무 과하면 결국 그 방법은 비효율적이다. 그러므로 방법과 목적이 서로 친화성 affinity·일관성 consistency 을 갖는 게 중요하다. 이 점에서 기하학과 수학은 추종을 불허하는 방법성 methodicity 을 지닌다. 논란의 여지가 있지만, '자연은 수학의 언어로 쓰인 책'(갈릴레오)이라는 식의 주장이 여전하기 때문이다. 잘 알려진 대로 수학이 실재의 경위經緯를 구성한다는 주장은 피타고라스와 플라톤으로까지 거슬러 올라가며, 가령 2020년 노벨 물리학상을 받은 수리물리학자 로저 펜로즈(1931~)도 "수학이라는 것은 세상이 운행되는 방식 속에 구성적으로 기입되어 있는 것처럼 보인다······ a mathematical thing seems to be inbuilt into the way the world operates"[1]고 말한다.

1-2.

그러나 인간사事의 이해와 해결에는 이른바 '애매한 텍스트'가 가득해서 수학과 같은 방식만을 고집할 순 없다. '일이 있으면 그 속에 법칙이 있는有事有則' 법이지만 인사人事의 법칙이란 인간의 주관적 개입을 무시한 채 수학적 방식으로 그 객관성을 털어낼 수 있는 게 아니다. 물론 심리학이나 사회과학 일반에서 통계학이 널리 이용되지만, 미적분의 기능적 이념처럼 통계학은 이를테면 수학을 연성화軟性化시켜 미묘잡후微妙雜厚한 인간의 일에 박진하려는 미봉적 대책이라고 봐야 한다. 통계도 인간적으로 해석해야 하며, 해석은 인간적인, 너무나 인간(개입)적인 일이다. 인간은 주체다. 인간이 주체가 된 역사는 이웃, 주변과의 쉼 없는 상호작용을 통해 서서히 자기 자신을 대상과 분립分立시켜온 과정이다. 이 상호작용 속에는 살기, 알기, 하기, 되기(변화하기) 등속의 다른 단위에 적절한 수많은 응하기의 개입이 있다. 그러므로 인간이 주체가 되어온 과정이나 그 현실을 수학적으로, 아니 방법(론)적으로 처리할 수는 없다. 주체화는 그 자체의 과정이 이미 (마치 인연생기하듯) 시공간적으로 이웃하고 있는 무수한 타자와 연동함으로써 가능해지므로 객체를 대상화해서 방법적·객관적이 된다거나, 혹은 행지行知의 근원적 자기 성찰성을 말끔히 잊고 처리할 수 없다.

2. 방편

말할 필요조차 없지만, 특히 자기 구제를 구하는 공부길 위에 서라면 어떤 정해진 한 가지 방법이 그 무엇을 보증할 도리는 없다. 여기서는 방법이 방편으로 변한(해야 한)다. 방편方便이란 애초 불교 용어인데, '보살이 중생을 구제하기 위해 일시·임시적으로 사용한 방법, 혹은 그 가르침'을 뜻한다. 진리에 도달하려는 임시변통적인 (가능한 여러) 길인 셈이다. 흥미롭게도 불교의 방편은 유교의 권도權道와 닮았다. 권도 역시 '목적을 달성하기 위해 임기응변으로 취하는 방편'이기 때문이다. 권도는 '사안이 급하거나 위기에 처할 때' 쓰므로 반드시 방편과 일치하지는 않지만, 구제와 해결을 위해 취하는 임시변통이라는 점에서는 취지가 같다. 우리말의 꾀計(계)라고 할 수도 있다. 수경행권守經行權이라는 말은 원칙을 지키는 중에도 상황에 맞게 대처하는 꾀부림의 지혜를 가리키는데, 구제나 해결이 필경 실천의 문제일진대 원칙의 고집에 묶여 있기보다는 꾀바르게 운신함으로써 위기를 해결하고 사람을 건지는 게 능사이기 때문이다.

2-1.

대략의 구분이긴 하지만 전통적으로 (힘이 남자의 것이라면) 꾀를 사회적 약자인 여자의 것으로 특화시킬 수 있다. 일찍이 플라톤은 정의正義가 없는 지식을 지혜가 되지 못하는 꾀라고 했지만, 여성의 시각에서 볼 때 그러한 정의는 남성 지배 사회의 명분에 불과하며, 약자의 지혜는 꾀의 외피를 입을 수밖에 없다. 이런 점에서 남녀 간의 사회적 갈등은 지식과 꾀knowledge&cunning를 겨끔내기로 전유하고 재전유하는 문제로도 볼 수 있다. 말하자면 꾀바르고 재바르게 배우고 익히면서 노예 시절을 건너온 여자들이 어느새 스스로 주인이 되려는 순간의 권력 판도를 떠올려보라. 앞서 말했듯이 주체화는 새로운 실천과 관련되어 있고, (사회적 약자라면 더 그렇겠지만) 모든 실천은 꾀權/奇를 피할 수 없다. 나는『공부론』(2010) 이후 줄곧 인문학적 공부길에서부터 자기 구제론에 이르는 관심을 '행지호보行知互補'의 관점에서 이끌어왔는데, 자득과 구제를 위한 수행의 단계는 오직 계속되는 실천 속에서만 이치와 효율성을 얻는다. 그리고 모든 실천은, 이론과 달리 실천 그 자체의 현실적 과정에서 자신의 가치를 증명하며, 또 실천은 언제나 꾀와 팁tip, 기미幾微나 매개성, 혹은 '애매함 속에 반쯤 은폐된 어떤 정보가 중개해주는 우연성'[2]에 기댄다.

2-2.

단전호흡이나 낭송, 경비행기 조종이나 잠수 실력, 마음의 경계3를 넓히는 것이나 스페인어 듣기 훈련, 대화적 합리성을 유지하는 것이나 혼자 있어도 외롭지 않기, 글쓰기나 차도茶道, 불원천불우인不怨天不尤人하는 태도나 모든 약속에 견결하기 등 이 모든 실천의 도道는 실천하는 과정을 통해 익히는 정도度의 체험을 통해 차츰 제 모습을 드러낸다. 이 모든 실천의 도는 '주머니 속에 든 동전'(헤겔)같이 하나의 경직된 답안에 의해 온전히 포섭되는 게 아니다. 그것은 수경守經에 의해 확보되는 도그마가 아니라 수없이 많은 행권行權을 거치면서 박진迫眞해가되, 이 경우의 진眞조차 인간의 개입에 의해 부단히 제 모습을 바꿔나가는 애매한 텍스트의 일종이다. 사람의 일, 그중에서도 자득과 자기 구제의 공부·수행의 활동에는 고정된 방법이 있지 않고 오직 각 개인의 실천 속에서 그 효율성을 인정받는 방편들이 있을 뿐이다. 물론 정해진 법식을 놓고 훈련하는 것은 유익하지만, 이 법식/방법도 불변의 것이 아니며 오직 실천이 열어주는 직관과 샛길들에 의해 가능해지는 변침變針과 변주에 열려 있어야 한다. 인간의 몸과 정신은 특정한 목적에 부합하는 '극단적 전문성의 굴레shackles of extreme specialization'(R. E. 리키)에서 벗어나 유연성을 얻음으로써 성공했는데, 마찬가지로 인간의 뇌와 밈memes은 그 가소성plasticity으로 인해 DNA의 선조적 기능성을 넘어 새로운 모색과 창조를 가능케 한다. 방법은 정확한 실행에 의해 반복재현성repeatability을 보장받지만 방편은 꼭 그렇지는 않다. 사람의 실천과 개입에 의한 애씀은 수많은 변수를 낳아 그 추이가 인과율처럼 기계적으로 진행되지 않는다. 나는 긴 세월 작은 공부 모임을 열어 후배들을 이끌면서 함께 공부길을 걷는 중에 반드시 내가 직접 해보면서 나름 진경과 자득을 얻은 공부의 기법을 알려주곤 했지만, 문제는 '내가 되었다고 해서 반드시 남도 되는 것은 아니'라는 데 있다.

2-3.

가령 단전호흡이나 영어 공부만 해도 왕도王道를 주장하는 책자나 강사가 오죽 많을까. 그사이 상술이 판치고 순진한 학생들은 얼음판을 오르는 자동차처럼 기력을 소모하면서 백구과극白駒過隙하는 세월만 흘려보내니 그야말로 일모도원日暮途遠이다. 몸의 실천으로써 그 이치와 가치를 확인하는 도道는 도度이며, 이것은 교과서 속에 있지 않다. '술어는 주어의 진실'(포이어바흐)이랬듯이 이 경우 이론의 진실은 실천이다. 불경에서도 방편의 좋은 비유로 '뗏목'을 들기도 하지만, 중요한 것은 뗏목이냐 제트스키냐 혹은 뗏목의 크기나 그 재질이 어떠하냐가 아니라, 그것이 과연 실제로 강을 건너게 하느냐 하는 점이다. 불교에서는 교화할 때 상대의 근기根氣에 따라 제도濟度하는 방편을 달리한다고 하는데, 이 역시 상황을 쫓아 일이 되게 하는 실용성에 초점을 두는 것이요, 방법을 이론화해서 전유傳有하는 게 미생지신尾生之信의 어리석음에 불과할 수 있다는 사실을 일깨운다. 방편의 유용성과 가치는 오직 실천 속에서 생기는 이치를 통해 확인된다고 했지만, 아무리 허접한 방편이라도 되면(강을 건너게 해주면) 되는 것이고, 제아무리 고상한 방법이라도 안 되면(강을 건너게 해주지 못하면) 안 되는 것이다. 그러므로 이 공부길, 구제길의 이념은 다만 '되는가?'일 뿐이다. 그것이 정상적인 절차를 생략한 편법일지라도 문제를 풀고, 사람을 건너게 돕고, 구제에 이바지할 수 있으면 괜찮다. 나는 오래전부터 '미신으로부터도 배울 게 있다'고 했는데, 이는 '편법'으로도 문제를 풀 수 있다는 말과 같은 정신을 공유한다. 편법이란 정상적인 방법을 좇지 않는 간편한 길이므로 실천의 실용성을 위해서 운용되는 꾀나 마찬가지다. 혹은 내 책 『조각난 지혜로 세상을 마주하다』의 서언에서, "불투명해도 깨단할 수 있고 흔들리면서도 걷고, 조각난 지혜로도 세상을 살고 우주를 건넌다"는 문제의식을 따르고 있다고 해도 좋다. 방편은 그 이론의 기원이나 정합성에 묶여 있지 않고, 그 방편을 사용하는 자의 근기와 여건과 개입을 살피면서 선용되므로 방법의 이념에 묶여 있을 필요가 없다. 불교계 일각에서는 방편을 그 유교적 대응물인 권도權度와 차별화하고, 방편이 반야의 교묘함般若之巧으로써 보살의 지혜가 현실의 실천 속에 드러나는 것이므로 권權의 기능 주의적 타협과는 다르다고 주장하지만, 사람을 돕고 살리는 실용주의적 차원이 우선시되어야 할 곳에서 또 다른 이론적 주석을 얹어 반방편적, 반권도적 하중을 불리는 짓은 좌사창힐左史倉頡 이후 포스트모더니즘적 유행postmodern fangle에까지 지속되어온 배운 자의 어리석음에 지나지 않을 듯하다.

2-4.

인간사의 복잡다단한 묘리나 자기 구제의 묘법을 구할 때 그 방편적 화술話術로 비유나 메타포가 자주 등장하는 것은 당연해 보인다. 『법화경』에 기록되어 있는 이른바 '법화칠유法華七喩'가 대표적이다. 화택유火宅喩는 불난 집에서 철없이 놀고 있는 아이들을 구하기 위한 언술적 방편으로 가장 널리 알려져 있다. 마지막인 의사유醫師喩는, 아버지가 자신이 죽었다는 '거짓말'을 해서 사경에 빠진 자식을 구한다는 이야기다. 이것은 삶을 구제하는 실용성에 참말/거짓말의 분별이 사라지는 자리에 관한 비유이기도 하다. 일종의 '근본 실용주의'라고 할 만하다. 우리가 실용에 진심이라면 권도權道 속에서 도덕이 사라지는 자리가 보일 것嫂溺援之以手(『맹자』「권야權也」)이며, 심지어 이론적 진리조차 힘을 잃고 사그라지는 자리를 볼 수도 있다. 그 배경과 맥락은 조금 달라지는 주장이긴 하나, 역시 미국의 (신)실용주의자인 리처드 로티는 "진리를 심오한 문제로 보거나 철학적 관심의 토픽으로 삼지" 않아야만 "우리의 (실용주의적) 목적이 가장 잘 대접받게 된다"[4]고 말하기도 한다. 물론 불교적 방편에는 몇 가지 조건이 제시되는데, 간단히 정리하자면 방편을 써서 교화하려는 자가 우선 지혜를 갖추어야 하고 좋은 의도로써 좋은 결과를 이끌어낼 수 있는 경우에 한한다.

2-5.

이러한 방편적 지혜는 싯다르타, 예수, 공자, 소크라테스 등 인류의 스승으로 존중받고 있는 현성들의 언행 속에서 잘 드러난다. 구제와 삶의 지혜를 구하는 데 동원되는 화술적 방편으로서의 비유는 붓다만이 아니라 예수에게도 두드러지게 나타난다. 성서학자들의 조사에 따르면 공관 복음서에 기록된 예수의 가르침 중에서 3분의 1 정도가 비유담이다. 씨 뿌리는 이야기, 겨자씨 이야기, 밀알 이야기 등등 예수는 자신이 지닌 영적 비전과 지혜를 낮은 자리의 민중에게 전하면서 부득이하게 '에둘러'(방편적으로) 말할 수밖에 없었을 듯하다. 종교적 믿음의 세계는 전형적으로 '애매한 텍스트'일 뿐 아니라 '믿음'이라는 주관적 개입의 영향이 지대하므로 그 세계의 알속을 객관적으로, 총체적으로, 혹은 현실적인 표상을 이용해서 설명할 수가 없다.

비유는 방편처럼 어떤 다른 곳으로 건너가게 돕는 도구이지 그 자체가 진실의 풍경을 담고 있지 않다. 문턱을 넘어가게 돕는 수행적 절차이지 방 안의 풍경을 묘사하는 게 아니라는 말이다. 가령 붓다의 방편들은 탐진치貪瞋痴의 암둔과 애착으로부터 다른 곳으로 이동하게 해준다. "내가 성불한 뒤로 갖가지 인연과 갖가지 비유로써 여러 교법을 널리 말하며 수없는 방편으로 중생들을 인도하여 온갖 집착에서 떠나게 하였느니라吾從成佛已來 種種因緣 種種譬喩 廣演言敎無數方便 引導衆生 令離諸著."(『법화경』, '방편품方便

品') 그러므로 비유는 화자의 감화력이 청자의 감응력과 합류함으로써 만들어내는 도구적 장치이지 그 자체로 정확한, 내용을 갖춘 언설의 종류는 아니라고 봐야 한다. 내가 애용하는 말로 고치자면 이는 대면 대화 관계에서 벌어지는 '응하기'의 일종이다. "응해서 말하기는 성인의 길聖人之道을 위한 가장 일반적이며 효율적인 방책"(『차마, 깨칠 뻔하였다』)이라고 한 적 있지만, 내게 있어서 성인聖人이란 초월적인 너머를 '지시'하는 자가 아니라 우선 제 일상의 낮은 자리에서 이웃과 타자를 만나고 대화하고 응하면서 고통과 어리석음의 미로에서 벗어나도록 돕는 지혜로운 자다. 붓다와 공자와 소크라테스와 예수는 무엇보다 응하기의 귀재였고, 그 응하기의 지혜로써 당대의 번민과 암둔을 깨고 아픔을 어루만지며 미래의 등불이 되었다. 가라타니 고진은 '예수와 석가는 타자에 대한 윤리를 강조했지 저세상에의 구원과 해탈에는 대체로 무관심했다'[5]는 식으로 정리하는데, 나 역시 대체로 동의하는 바이지만, 그가 말한 '타자에 대한 윤리'는 이른바 '타자의 철학philosopie de l'autre'에 지펴 있던 시대적 사조에 감염된 표현이며, 정작 그들과 접했던 이들이 움직이고 동조했던 이유는 오히려 한 사람 한 사람의 이웃과 제자를 대하고 응했던 그 수행의 독특하고 탁월한 감화력에 있었다. 그 감화력은 발화 자체의 내용과 함께 약속, 질문, 권면, 명령 등 발화에 수반되는 행위illocutionary acts와 접속되어 있다.

글과 달리 말의 힘은 그 내용조차 종종 화자의 인격과 응하기의 실력에 달려 있다. 특히 주제가 종교실존적 관심사를 물고 들어올 때는 화자가 누구이며 그가 어떤 식으로 응하고 말하는가 하는 문제가 결정적인 티핑 포인트가 된다. 이 네 분 성인의 글쓰기가 정확한 전달의 기술에 의지하지 않고 일상 속의 대화적 가르침에 주력한 것은 물론 당대의 기술적 여건과 관련된다. 그러나 이들이 일상에서 만나고 응하면서 대화적 공동체의 구성과 활성화에 치중했던 배경에는 이들의 인격이, 혹은 '죽은 글자가 아니라 그 살아 있는 정신'[6]이 관건이었기 때문이다. 나는 진작 『인간의 글쓰기, 혹은 글쓰기 너머의 인간』에서, '인간의 글쓰기는 그 근본에서 생활이 실패한 흔적'이라는 취지를 밝힌 적이 있는데, 이것은 늘 생활에 진심으로 박진하면서 갖은 응하기의 실천에서 지혜로웠던 이들 성인의 모습을 간접적으로 드러낸다. 무릇 성인聖人이, '그것을 말해버리면 이미 그 애초의 도가 아닌道可道非常道'(『노자』) 종류의 인격적 신비를 체현한 인물이라면, 그는 응당 자신의 말보다 깊고 큰 존재일 것이다. 혹은 자신의 과거보다 큰 존재, 그 인격과 실력이 자신의 성취나 역할이나 지위를 스스로 무화시키면서 그 위로 솟아오르는 현재적 존재일 것이다. 그리고 그런 뜻에서라도 그의 발화는 그의 인격적 존재를 되비쳐내는 어떤 수행적 행위일 수밖에 없다.

이들의 언행을 일러 '사물에 잘 응하고 일에 잘 분별한다物至而應 事起而辨'(순자)고 해도 좋다. 문제는 현장의 인간과 인간사事이며, 성인은 여기에 응하고 분별하면서 사태를 밝히고 사람을 돕는다. 다른 글에서도 종종 언급했지만, 내가 읽은 이들 성인의 장점을 일관하자면 응하기의 실력, 즉 일상에서 발생하는 여러 구체적인 삶의 번민과 고통의 문제에 적당하고 독특하게 응답하는 실력이다. "공자나 소크라테스······ 혹은 다른 어떤 빼어난 선생이라도 공통되는 특징은 여건과 대상을 막론하고 느닷없이 다가오는 질문과 문제에 대해 '한결같이' 적절히 응應하고 또한 적절히 답答한다는 데 있다."7 상대의 상황과 근기에 터하고, 당장의 일이 숨긴 가장 중요한 계기와 조건에 따라서 지기응대知機應對하는 실력이다. 그리고 그 실력은 늘 방편과 함께, 방편 속에서 생긴다. 도그마의 책상은 늘 방편의 일상에 사후적이다. 파이어아벤트는 과학철학을 논하는 중에도 보편적인 도그마를 역사화시키면서 역사 속에서 실증 가능한 원리는 오히려 '어떻게 해도 좋다Anything gose'는 것이라는 주장을 편 바 있다. 과학사를 배경으로 한 이러한 주장은 물론 지나친 상대주의의 혐의를 불러일으킨다. 그러나 반복하건대 인간사, 그리고 인간의 종교실존적 관심사라면 차라리 파이어아벤트식의 반방법론적으로 열린 감수성이 더 나은 길로 인도할 수 있다. 그의 정식을 약간 고쳐 표현하자면, '되기만 한다면 어떻게 해도 좋다If it goes, anything goes'.

소크라테스의 '반反지혜적 지혜'는 아이러니스트의 전형을 보인다. 『소크라테스의 변명』 속의 그는 자신의 지혜를 둘러싼 이런저런 평가에 대해 언급하면서도 단언적 긍정의 태도를 노련하게 우회한다. 남이야 믿든 말든 나는 내 속에서 비수의적非隨意的으로 일어나는 '인식론적 균형감'을 종종 언질하기도 했지만, 소크라테스의 마음에는 다이몬daimon이라는 부정적 음성이 장착되어 있었다고 한다. "소크라테스가 말한 다이몬의 부정적 경고는 모든 직접적 긍정에 대한 독단적 집착을 불식시킨다."[8] 그는 신神-탁託에 대해 짐짓 의심의 시늉을 내비치지만 곧 그 의심을 신에게 되돌려 준다. '내가 지자智者가 아님을 알고 있는데…… 내가 제일 지혜 있는 자라니 신은 도대체 무슨 말씀을 하시려는 것일까. 신은 거짓말을 하지 않으시니까.'(플라톤,『소크라테스의 변명』) 차라리 그는 신을 방편으로 삼아 지혜의 속성을 아이러니화하고 있는 것이 아닐까 싶을 정도다. 마찬가지로 그는 스스로를 지혜롭다고 '생각'하는 이들의 바로 그 생각을 부정한다. '너 자신을 알라'거나 '네 자신의 삶을 점검해보라'고 말하는 소크라테스는 곧 몽테뉴 및 데카르트적 회의와 부정의 기원이 된다. 데카르트의 『방법서설』(1637)도 결국은 '방편서설'에 불과하니까.

붓다가 대기설법對機說法하고 응병여약應病與藥한 일은 잘 알려져 있다. (기실 이 '응하기'의 방편적 탄력성은 4대 성인의 대화생활에서 예외 없이 아름다운 가능성의 정점을 보인다. 나는 오래전부터 이 성인들의 성인됨을 '실력'의 시각에서 바라볼 것을 주장했고, 특히 응하기의 실력에 주목했다.)[9] 불교란, 아니 종교 일반은 현실적 최전선의 자리에서는 언제나 방편품方便品일 수밖에 없다. 붓다가 갖은 설법 중에 사용한 방편적 언설들이 얼마나 자유자재하고 빛났던가 하는 것은 불경 곳곳에서 잘 드러난다. 45년간 활동하면서 이른바 8만 4000의 법문을 남겼다는 붓다는 삶의 종경에 이르러서 오히려

'나는 한마디 설법한 게 없다'는 식으로, 방편법이 이르는 마지막 자기부정의 자리에 선다. 진작부터 늘 언급했지만, 성인들은 무엇보다 말로 상대를, 그것도 적대적이고 회의하고 냉소하는 상대를 대하면서 지혜롭게 빛났던 인물들이다. 4대 성인은 놀라운 교사敎師이기도 했으니, 어눌하거나 언거번거하거나 영언佞言할 리가 없다. 언어가 끊긴 곳을 가리키는 이들의 변설은 이미 변설의 끝에서 변설의 빈 곳을 알아차리며 감히 아이러니의 극단을 스친다.

주희의 『논어집주論語集註』에는 공자가 고향 마을에서 사사로이 말하는 법과 조정에서 공무 중에 말하는 법이 달랐음을 지적하고 있다. "공자가 향당(거주하고 있는 고향의 마을)에서는 신실했고 말을 잘하지 못하는 것 같았다孔子於鄕黨恂恂如也似不能言者." 그러나 "종묘와 조정에 있으면 유창하게 말을 했는데 다만 조심스러웠다其在宗廟朝廷便便言唯謹爾". 말은 소통을 위한 것이므로 변치 않는 금강도金剛道가 있는 게 아니라 상대의 깜냥과 상황을 쫓아 응변하고, 이로써 소통의 묘妙를 기하는 게 요령이다. 결국 '된 사람, 돕는 사람'이 인문학 공부의 이념이며, 이치에 통달하고 원칙을 지키면서도達於理而守經 꾀에 밝고 형편을 쫓아 응할 수 있는明於權而與勢應辯 게 또한 공부의 일상적인 실천이기도 하다. 『논어』에서 제자들의 물음에 응하는 공자의 화법에는 상대의 처지와 관심에 따라 중용의 적절함을 취하는 운용의 묘가 있다. 널리 알려진 대로 고제高第인 안회顏回가 인仁에 대해 묻자 "자기를 이기고 예로 돌아가는 게 인克己復禮爲仁"이라고 답한다. 사마우司馬牛가 다시 인에 대해 묻자, "인은 과묵해서 말을 함부로 하지 않는 것仁者其言也訒"이라며 제자의 상황에 좀더 직접적으로 응해서 말한다. 임금의 자리에 올라 백성을 다스릴 만한 인물로까지 평가받은 중궁仲弓이 역시 인에 대해 묻자 공자는 다소 길게 풀어 답한다. "문밖을 나서면 (사람들을) 귀한 손님 대하듯 하고出門如見大賓, 백성을 부릴 때는 큰 제사를 지낼 때처럼 하라使民如承大祭. 그리고 자신이 원하지 않는 것을 다른 이에게 베풀지 마라己所不欲 勿施於人······." 삼년상을 놓고 벌어진 공자와 재아宰我 사이의 논쟁(?) 역시 좋은 사례가 된다. 재아가 부모에 대한 삼년상이 너무 길다면서 일년상으로 족하지 않겠냐고 묻는다. 그러자 공자는 자신의 원칙을 끝내 고수하면서도 "네 마음이 (그렇게 해서) 편하다면 그렇게 하라女安則爲之"고 변통한다.

응대의 유연성과 아이러니, 변침과 변통變通, 그리고 꾀와 권도는 기본적으로 실천의 딸이다. 수시처변隨時處變이라는 말처럼 '그때그때 변하는 바에 응해서 일을 처리하는' 역량이다. 가령 음양오행陰陽五行은 당연히 과학으로서는 미진하거나 미신적이고, 중국의 기술이 과도한 실용성에 머물러 과학에 이르지 못한 주요 원인으로 꼽히기도 하지만, 다른 한편 '구체적인 과학science of the concrete'(레비스트로스)으로서 삶의 일차적 필요에 융통성 있게, 방편적으로 응대하면서 오랜 세월 나름의 효율성을 지녀왔다는 사실을 기억할 필요가 있다. 이론 속에 좌정해서 좀체 움직이려 하지 않는 진리·정도·원칙을 고수할 게 아니라 '사물이 극에 이르면 반드시 되돌아간다物極則反'는 중행적 배려 아래 강한 집착과 주장을 삶의 실제에 맞게 연성화하려는 지혜가 필요하다. 이것은 기하학적 방식more geometrico과 정도正道로는 다 품을 수 없는 실천상의 굴곡과 변용을 세세하게 헤아리면서 적당함reasonableness을 좇아 문제를 풀고 사람을 돕고 관계를 평안하게 만들려는 취지이기도 하다.

3. 계기

계기契機는 '어떤 일이 일어나거나 변화하도록 만드는 결정적인 원인이나 기회'를 말한다. 독일어의 호기Gelegenheit로 옮길 수도 있겠다. 이 글에서는 주로 자득이나 깨우침悟り을 위(향)해서 마음속에 누적된 기연機緣이라는 뜻으로 사용된다. 예를 들어본다. 나는 지난 10년 가까이 붓글씨를 조금씩 써왔다. 선생도 없고 법첩法帖마저 없이 내 마음대로 취미 삼아 묵향墨香을 즐기는 정도였다. 내겐 정오에 잠시 참선參禪(내 말로 '적경寂敬')에 드는 버릇이 있는데, 참선 이후 30분 못 되게 주로 한문을 쓰곤 한다. 여기에 큰 뜻을 세운 것도 아니고 전시를 목적으로 삼은 것도 아니었으므로, 무슨 일이든 오래 하는 대로 눌어붙는 근기가 생겼을 뿐 실력에는 별 진경이 없었다. 그러다가 수년 전 우연찮게 동진東晉의 서예가이며 서성書聖으로도 추앙받는 왕희지王羲之(307~365)의 법첩을 한 권 구해 자세히 들여다볼 기회가 있었다. 그런데 그의 글씨를 본 후로는 왠지 내 글씨를 쓸 수 없게 되고 말았다. 마치 붓을 든 손에 접속된 마음이 불인불구不仁不具의 상태에 빠진 듯했다. 자득이나 깨침은 마음의 경계境界가 바뀐 것이며 (정신분석적으로는) 무의식의 지형과 그 판도가 바뀐 것인데, 왕희지의 글씨는 내 마음이 유지하고 있던 기존의 경계와 지형을 헝클어뜨린 셈이었다. 나는 한동안 왕희지의 글씨-이미지들과 내 글씨 사이를 대책/소득 없이 배회하고 부유했다. 그러저러하는 중에도 괴발개발

붓글씨를 계속했는데 한 달여 만에야 간신히 붓을 잡은 손에 힘이 생기고 다행히(?) 왕희지의 그림자로부터 차츰 벗어날 수 있었다. 이번에는 두어 달 전의 일이다. 어느 날 경산역을 거쳐가는 길에 역사 대합실에 전시된 지역 출신 작가들의 서예작품을 엿보게 되었다. 스무 점 남짓한 글씨가 좁은 대합실을 빼곡히 둘러싸고 있었는데, 그중 오직 한 작품만 내 시선을 강하게 끌었다. 꽤 알려진 당대唐代의 칠언절구七言絶句였다. 나는 한동안 붙박인 듯 서서 한 자 한 자의 흐름새, 그 삐침과 파임을 탐미했다. 나는 내심 그 만남을 찬탄했다. 이 서예작품에 대한 감흥은 왕희지의 것과는 완전히 대조적이었다. 후자가 내 글씨의 진행을 막고 그 운용을 두절杜絶시켰다면 이것은 한껏 내 가슴을 트이게 했는데, 내가 한 달여에 걸쳐 그곳을 오다니면서 눈에 못이 박히도록 그 글씨를 완미玩味하는 중에 어느새 (미래의) 글씨를 향한 내 마음과 손이 새롭게 생성되는 듯한 느낌을 얻을 수 있었기 때문이다.

3-1.

돌이켜보면 이 두 가지 경험은 그 세세한 내용에서는 얼마간 차이를 보였지만, 결국 전체적으로는 공히 내 붓글씨의 실력을 한 단계 올리는 데 이바지했다. 내가 이 경험에서 중시한 부분은, 내 글씨를 향상시키기 위해 글씨를 쓰고 있는 바로 그 행위 중에는 자득의 체감이 없다가 오히려 외부의 타자(왕희지의 글씨와 경산 역사의 글씨)를 만나는 과정을 통해서야 비로소 자득의 기미가 현시되었다는 점이다. 이 체험은 자득은 언제, 어떻게 오는가라는 문제에 관한 그간의 내 소견을 다시 한번 확증해주었다. 실력의 알짬이자 밑절미를 이루는 자득은 마음의 경계를 바꾸게 되는데, 이 자득은 계기 혹은 계기들의 누적에 의한 효과로 보인다. 통상의 용법에 따르면 계기는 대체로 외부적인 무엇으로만 여겨지고, 그것은 밖으로부터 일방적으로 행위자$_{agent}$에게 영향을 미치는 것처럼 서술된다. 그러나 이런 식의 설명으로는 인간 현상, 혹은 인간사를 이해할 때 가장 중요한 상수常數라고 할 수 있을 인간의 전방위적 '개입'의 효과를 완전히 도외시하게 된다. 그러니까 앞서 말한 왕희지의 글씨나 역사의 글씨와 같은 외부 타자들이 그 자체로 계기가 되는 것은 아니다. 계기가 자득을 위한 계기로 보존되고 작동하려면 그 전에 반드시 정신적 존재의 꾸준한 개입이 있어야 한다. 평소 글씨를 쓰면서 유지하거나 변화시켜온 내 마음과 그 지형의 누적된 역사가 있어야만 어떤 외재적 사건과의 만남이 서로 어우러지면서 변화의 계기를 형성하게 되는 것이다. 그러니까 여기서 계기란, '어떤 일관되게 애쓴 마음과 어떤 우연 속에 다가오는 외부 대상이 결합하는 사건'이라고 할 수 있다.

3-2.

'마음의 지형 속에 누적된sedimented 역사'라고 했지만, 이것을 편의하게 말하자면 곧 에고의 자장을 우회하면서 변화를 가져올 무의식적 배경이 된다. 의식적 노력이 반복되면서 그 효과가 무의식의 지층에 침전되는 가운데 어느새 무의식의 지형에 근본적인 변화가 생길 가능성이 배태된다. 예를 들어 하루아침에 살이 근육으로 변하진 못하지만, 꾸준히 거듭되는 운동의 노력은 물리화학적으로 침전되어 살의 지평을 바꾸고 근육의 탄생을 기약하게 된다. 앞서 말한 외부적 자극의 대상은 우연성을 품고 있는데, 사실 이 모든 논의 중의 미스터리는 우연성 속의 이치 혹은 '정보'라고 할 수 있다.[10] 이런 식으로 계기의 뜻을 재정리하자면, 그것은 '의식의 노력에 의해 준비된(활성화된) 무의식이 어떤 정보를 지닌 우연성(타자)과 만나는 사건'이다. 사실 내가 긴 세월 말해온 '알면서 모른 체하기'의 이치[11]가 이 계기의 메커니즘과 겹치는데, '모른 체하기'란 곧 '우연성과의 만남'을 예기하고 배려하는 역설적인 과정이기 때문이다. 그러므로 '알면서'란 계기의 항목 중에서 '의식의 노력'에 해당된다고 할 수 있다. 다만 '활성화된 무의식'은 가설적인 부분이며, 무의식에 대한 설명이 대략 그러하듯이 직입해서 그 기질적 성분을 해명하기는 어렵다. 이른바 애매한 텍스트 일반의 경우와 마찬가지로 여기서도 사례의 반복을 통해 스스로 현시하는 패턴에 주목함으로써 간접적으로 그 이치에 박진하려는 노력이 있을 뿐이다. 다만 무의식과 우연성 사이의 친화적 관계에 관해서는 이런저런 창발적인 가설이 있을 수 있다. 가령 아다마르는 과학사(수학사)에 채록되어 있는 여러 일화를 통해 이른바 '발명의 심리학$_{\text{psychologie de l'invention}}$'을 패턴화하고 있는데, 무의식이 발견·발명에 어떻게 간여하는가 하는 논의를 펴는 중에 "무의식은 우연과 모순됨이 없이 우연을 함축한다"[12]고 주장한다.

3-3.

진정한 실력 혹은 존재론적 실력이 관건이 되는 자리에서 에고 ego는 작인 agent이지만 주체 subject는 아니다. 그렇기 때문에 자기 구제를 향한 모든 수행과 공부의 형식은 '에고와의 싸움'이라고 누누이 밝혔다. 에고를 넘어 무의식이 활성화(무의식이 의식을 고치고 돕는 식으로 마음의 배치와 기울기를 조정한다)되고, 마침내 우연(성)까지 그 활성화된 마음에 씨를 뿌리게 된다면!(이라고 우리는 상상하게 된다.) "신神은 무엇보다 에고가 아닌 것이다. 그러므로 신과 에고는 어떤 장소를 놓고 경합한다. 물론 '경합'이라는 용어가 지질해 보이긴 해도, 에고가 들어간 자리는 신(들)이 즐기는 자리가 아니다. 에고가 수문장을 자처하고 있는 곳이라면 성찰도 지혜도 깨침도 비켜 선다."[13] 에고가 소실된 뒤에야 비로소 가능해지는 초월적 지혜의 체험은 비록 그 외양에서 다양한 변주를 보이지만 일정한 패턴을 나타내며 또 그러한 사례는 무수하다. "나는 갑자기 생각의 차원을 뛰어넘는, 생각이 아예 없는 상태가 되었다. 그 상태에서는 에고도, 현실세계도 없고, 한 개도 없고 다수도 없으며, 그저 절대적 그것 that 만이 있을 뿐이다."[14]

3-4.

나는 '깨침悟道은 없다'는 입장이다. 오해를 피하기 위해 덧붙이자면 '최종적 깨침enlightenment once & for all'이 없다는 말이다. 이것은 인간의 정신을 (나처럼) 총체적 변화와 진화의 과정에서 이해하는 이들에게는 너무나 자연스러운 귀결이다. 불교의 고승이나 도인들이 다만 유일회적 깨침의 사건을 통해 정각正覺을 이루고 우주와 인생의 만사를 일통一統한 것처럼 알려진 것은 아무 사실이 아니며, 일없이 주변을 번란스럽게 하는 짓일 뿐이다. 오히려 표현 그대로 제행무상諸行無常이 진상이라, 우주 속의 모든 것物/일事은 '변화이거나 의견'(마르쿠스 아우렐리우스)일 뿐이므로, 한 개인의 신상에 벌어진 체험을 놓고 시공간 전체와 그 비밀을 아우른다는 것은 하염없이 어리석은 노릇이다. 맥락을 좀 옮겨 철학적으로 비판하더라도, '20세기 후반 들어 이른바 생생한 경험에 도전하는 광범위한 경향이 존재했고, 이 경향에 따르면 경험의 직접성은 문화적 관계의 사전 매개라는 성격과 더불어 경험의 전달자로 추정되는 주체의 변동성을 드러내지 못한다'[15]는 점을 지적해야 한다.

다시 말하거니와 내 입장은, 모든 종교와 철리 속에 나타난 지혜는 모조리 '조각난fragmented' 상태이며, 정신적 존재로서의 인간은 그 조각들을 붙안고 한소끔 한 걸음씩 얻고 나아갈 뿐이라는 것이다. 이처럼 조각난 지혜들 속에서는 마치 정치사회적 의제를 다룰 때 '중첩적 합의overlapping consensus'(롤스)를 시도하듯 실천이성의 맥락에서 행위의 방향과 성격을 임의로 조절할 수가 없다. (마치 변호사의 세계에서처럼) 합의는 근본적으로 진실의 문제가 아니지만, 자기 구제의 과제는 어디까지나 실재와 진실의 문제이기 때문이다. 최종적 깨침 혹은 큰 깨침이 없다면, 그리고 이 주장이 '정신은 자란다'는 진화주의적 가설에 터해 있다면 당연히 작은 깨침은 무수히 존재해야 한다. 내가 말하는 계기란 바로 이 작은 깨침들의 매개이자 텃밭이다. 그리고 이 깨침은 앞서 말한 대로 '마음의 지형 속에 누적된 역사적 기연機緣들'을 가리킨다.

3-5.

'깨침의 기연'이라고 알려진 계기들은 예로부터 특히 불교 고승들의 갖은 일화 속에 자주 등장하고 있다. 알다시피 싯다르타는 효성曉星에 대오정각大悟正覺했다고 한다. 그런가 하면 원효는 촉루燭淚에, 중국의 향엄香嚴은 대숲에 떨어진 돌멩이 소리에, 운문雲門(864~949)은 자신의 발가락이 찢어져 흘러나온 붉은 피에, 심지어 설두 중현雪竇重顯(980~1052)은 따귀를 한 대 얻어맞은 자리에 기연을 얻어 깨쳤다고 했다. 상을 여의고 자성을 보면 곧 부처離相見性卽是成佛라고 했는데, 왜 이들은 자심自心에 스스로 뚫어내지 않고 외물에 인연을 붙여 깨침을 얻었다고 하는가. 앞서 말한 대로 자득의 일반 원칙에 따르면 우선 의식적인 노력에 의해 준비된 무의식이 선결되어야 하는데, 이것은 간단히 말하자면 신神 혹은 (1과 2가 아닌) 3(타자적 기별)이 틈입할 수 있도록 에고를 비우는(우회하는) 길을 얻으려는 노력인 셈이다. 문제는 이런 삽화에 등장하는 깨침이 마치 일생일대의 돈오頓悟인 양 수선을 떠는 일이 잦다는 것인데, 내 경험이나 독서나 판단에 의하면 이것은 과장이거나 혹은 정확한 설명이 아니다. 우선 불교적 깨침의 일화들에서 가장 중요한 특징은 깨침의 '내용'이 없다는 점이다. 붓다가 이루었다는 무상정각無上正覺에서는 '연기법緣起法'이 알짬이자 유일한 내용이지만, 불멸佛滅 이후 무수히 기록된 깨침의 사건에는 '실' 없는 오도송悟道頌만 가득할 뿐 인생과 우주에 관한 신뢰할 만한 새로운 지식은 전혀 없다. 당연히 이들의 오도는 원리상 마음의 경계라는 '형식'을 바꾼 것이므로 거기에 무슨 새로운 '내용'이 있을 리 없다.[16] 삶의 방향과 성격을 규정지을 내용적 지식은 따로 배워야 하며, 이 지식의 정확한 첨단은 현대 과학과 여러 학문의 성취가 보유하고 있으므로 참선과 염송만으로 굴러들어올 수 있는 게 아니다. 불경에 등장하는 붓다의 논리적인 화법이나 다양한 지식 그리고 풍부한 예시들은 물론 정각의 체험만이 아니라 그의 천재와 남달랐던 성장·교육과정의 덕으로 돌려지는 게 마땅하다. 참으로 천재는 운명Geschick처럼 어떻게 할 수 없는 것이다. 더구나 우주 속의 한 점으로 살아가는 인생의 의미와 운명, 그리고 삶과 죽음의 행로에 적절히 대처하는 식견과 지혜는 이미 전례 없을 만치 쌓여 있는 최선최량의 현대 과학과 사상을 참고하는 게 지당하다.[17] 이 고승들의 이른바 오도는 정신과 우주, 삶과 죽음의 이치를 단번에 꿰뚫는 종합적인 혜안도 아니며, 아예 내용이랄 게 없어 따로 남들의 유익을 위해 전할 수 있는 서사도 못 된다. 아니 무엇보다 정신의 진화는 정각이니 오도니 견성이니 돈오니 하는 개념이 시사하듯 하나의 정점頂点에 고착될 수 있는 게 아니기 때문이다. 오직 조각나고 구멍이 숭숭 뚫린 지식과 지혜들의 숲속을 건너는 가운데 정신이 자라고 점점漸漸이, 그리고 점점點點이 계기와 자득들의 누적이 있을 뿐이다.

4. 자득

자득自得은 '정신은 자란다'라는 명제의 토대가 된다. 테야르 드 샤르댕의 표현처럼 인간은 '진보(화)하는 존재homo progressivus'인 것이다. 그것은 무상無上의 경지에 단번에 돌올突兀하는 유일회의 체험이 아니라, 쉬지 않고 공부하면서 점점이 자라나가는 점오點悟(들)의 연쇄이자 그 공효功效다. 정신적 진화의 역사 속에서 멈추어도 좋을 자리는 없다.[18] 여기에는 실사구시의 현실적 보완과 정위定位가 필요한데, 그것이 바로 현대 과학과 학문이다. 인류가 일구어낸 최고최량의 지식에 등을 돌린 채 암둔한 마음에 체를 치고 평온을 자처한들 개구즉착開口則錯이며 자신을 구제하지도 남을 돕지도 못한다. 나는 지난날 유튜브에 게시된 여러 영상을 통해 고승들의 설법을 듣고는 더러 감명을 받기도 했다. 그러나 결국 대체로 환멸에 이른 이유는 이들이 (거의 반드시) 그 설법의 귀퉁이에 이런저런 종류의 세속적 앎, 특히 과학적 지식을 불러들여 강조·보증·예시·장식의 용도로 배치하는 중에 생기는 낭패였다. 스피노자나 칸트를 21세기를 살아가는 우리의 존재론과 인식론의 지남으로 삼을 수 없듯이, 2000여 년 전에 생성된 지혜를 도그마처럼 내세워 우리 인생관, 사생관의 특권적 원리로 붙박아놓을 수는 없다. 부처나 예수나 공자나 소크라테스의 언설조차 서로 각축하거나 어긋나는 조각난 지혜들일진대, 제 스스로를 구제하려는 자라면 나날이 배우고 익히고 상상하면서 걷는 수밖에 없다.

"제아무리 많은 지식으로도 지혜는 조각날 수밖에 없"지만 "불투명해도 깨단할 수 있고 흔들리면서도 걷"(『조각난 지혜로 세상을 마주하다』)는다.

앞서 말한 대로 자득은 철저한 실용주의에 터하며 특정한 교리적 원칙에 묶일 필요가 없다. 되면, 그 되는 길을 택하는 게 우선이다. 자득은 세속의 체계에 적응하는 기법이 아니라 어긋내고 어리눅어(낮아져) 삶과 죽음 이후까지를 지혜롭게 건너갈 수 있는 정신적 덕德을 얻는 양식이다. 자득이 없다면 그 공부는 반드시 헛짓이며, 정신이 자란다는 희망은 오직 자득으로써 만들어가는 뜨개질이나 마찬가지다.

5. 구제

불교는 현실적인 인생의 고苦에 주목했고 연기법을 깨쳐 사제四諦를 통찰하고 팔정도八正道를 수행함으로써 자력으로 구제救濟를 기약한다. 초월신을 전제하는 기독교는 그 신의 눈에 대응하는 종교적 양심을 길러 죄罪에 주목한다. 신에게서 멀어져 절망적으로 타락한 인간은 자력으로 스스로를 구제할 수 없다. 이에 대속代贖의 교리가 만들어지고 예수는 구세주가 된다. 붓다나 예수의 삶과 정신에 조응하고자 애쓴다면 이들의 가르침에 의거해 한 세상을 살아도 좋을 것이다. 그러나 내 말처럼 그(녀)가 '알고-되고-돕고자' 하는 학인의 삶을 희망한다면 종교적 체계 속에 안둔한 채로 탐색과 실험을 멈출 순 없다. 앎과 지혜의 문제에서 '체계화'[19]는 학인의 자산이 되지 못한다. 그것은 안이한 정신의 피난처다.

붓다나 예수의 비전이든 공자나 소크라테스의 통찰이든, 그 모든 삶과 죽음에 관한 지혜는 '조각난' 것이라는 게 내 지론이다. 누구나 조각난 나침반을 들고 살아갈 수밖에 없지만 자기 한계에 대한 자각과 성실 속에서 이루어지는 배회는 현 단계의 지성과 영성이 제공할 수 있는 최선이다. 체계에 얹혀 굴러가며, 남에게 맡긴 채로 믿고, 정신의 변화에 대해 아무런 관심도 없이 살아간다면, 그(녀)는 배우는 자가 아니며, 변화하는 인격이 아니고, 남을 도울 수 있는 존재도 아니다. 영성은 삶의 현실에서 피어오르고 인간의 정신은 우주의 비밀과 별개가 아니라는 게 내 믿음이다.

자기 구제의 희망은, 우리 인생이 우주에 닿아 있고 정신은 자란다는 불이不二의 통찰과 함께, 조각난 지혜들의 빈틈을 조심스럽고 성실하게 메우는 노동을 통해 이루어진다.

5장
개념으로 길을 열고 시로써 누리다

철학을 개념의 창조와 운용이라고 정의한 이들이 적지 않지요. "철학은 개념들을 만들려고 애쓰는 것이다. 철학자는 개념들의 질서를 통하여 세상에 흥미를 갖는 자다."(들뢰즈) 나는 이런 식의 정의定義를 통해 연역적으로, 기술적으로, 혹은 직업적으로 철학에 입문하거나 활동하지는 않았습니다. 사람의 일人間事이 대개 그러한 것처럼, 나 역시 내 한계와 불운을 붙안고 좌충우돌하던 중에 선택하고 이해하게 되었으며 또 내 존재의 성향과 물매를 깨달았을 뿐이지요. 어느새 개념의 창안과 적용은 내 철학적 삶이 되었고, 그 개념의 둘레에는 시詩로 발돋움하려는 싹이 무수합니다. '개념으로 길을 열고 시로써 누립니다.'

남들이 칸트에 몰입하고 헤겔을 웅변하고 마르크스를 선전할 때 나는 내 재능/운명Geschick과 함께 내 개념들을 만들어낼 수밖에 없는 실천 속에서 살아왔습니다. 선학들의 식견과 지혜에 의지하면서도 내가 걸어온 정신의 길, 생활의 길, 어울림의 길은 따로 있었기에 이 땅의 시속과 범례와 모방 속에서만 지낼 수 없었던 것이지요. 내가 탐색하고 실천하고 되고자 하는 자리를 위한 공부길이 남들과 달랐고, 그 다름에 진지한 대로 여러 개념을 창안하고 수축修築하고 적용해왔습니다.

이번 강의에서는 그 개념들 가운데 일부를 재서술하려 합니다. 이로써 정신이 자라듯이 개념도 새로운 적용의 외연과 적절한 내포를 구성해간다는 사실을, 그리고 개념이 그려가는 정신의 길은 필경 생활의 총체적 지형과 수준을 매개로 이루어진다는 사실을 확인하고자 합니다. 낱말 하나에서부터 시대를 조형하는 이념에 이르기까지 정녕 중요한 것은 개념들을 정신의 등불로 삼아 길게, 알뜰히 걷는 일입니다.

1. 모른다-모른다-모른다

조심하는 태도는 '처음'을 되짚어보는 것이다. 흔히 가만한 모습을 떠올리는 조심操心은, 그러므로 내부에 지향성을 지니며 이것은 어떤 정해진 기본을 향한다. 건물의 기단基壇처럼 그것은 뻗어 올라가는 부재部材의 하중을 수용하고 그 무게중심을 견지해주는 토대를 잊지 않으려는 마음과 태도를 말한다. 그러나 (잘못 채워진 첫 단추처럼) 처음이 반드시 반듯하거나 옳은 게 아닐 수도 있기에, 조심은 그 자체로 처음이라는 개입의 무게와 함께 적잖은 비용을 치르기도 한다. 이론적 욕망이 더러 최초의 가설과 함께 몰락하듯이, 때늦은 조심은 처음의 설정과 얽힌 채 방향을 잃거나 이미 증상이 되어버린 자기보호의 기제가 되기도 한다.

처음을 되짚고 그 기억의 단계와 계기에서마다 조심하려는 태도는, 행위의 실수나 선입견의 오류 따위에 대처하려는 점에서 재부팅rebooting과 유사하긴 하다. 그러나 사람의 정신은 컴퓨터가 아니고 생각은 계산computation이 아니므로 이러한 조심 역시 재조심, 재재조심…… 하는 식으로 어느 불가능한 영점을 향해 소급해간다. 그렇더라도 사람 자신이 복잡, 치열한 과정의 개입(들)이므로 염결무오廉潔無汚한 신독愼獨의 자리를 얻을 도리는 없다. 사람은 누구나 실수하고 자기 편견 속에서 번연히 자족하며 어떻게든 현실적 존재의 퇴락을 막을 수는 없다. 마치 약속이라는 법적·관념적 (재)설정이 일상의 실천 속에서 부실할 수밖에 없는 인간관계를 구제하거나 최소한 미봉하려는 것처럼, '모른다-모른다-모른다'는 마음의 자리를 얻는 일은 궁극적으로 일종의 상호작용에 의해서 가능해지는 앎을 그 왜곡과 퇴락으로부터 구제하려는 애씀이다.

1-2. 다시, 시작한다

도롱뇽의 다리는 잘려도 얼마 지나지 않아 재생된다. 심지어 심장이나 척수가 떨어지더라도 다시 생긴다. 나는 손가락 끄트머리가 잘려 긴 세월 장애인으로 살았던 목수를 몇 알고 있지만, 사람의 이러한 재생 불능성에 비하자면 도롱뇽이나 플라나리아Dugesia Girard의 재생능력은 참으로 놀랍고 신통하기까지 하다. 흔히 사람의 문화적 적응력과 창조력은, 다른 동물들에게서 특화되어 드러나는 생존용 전문화specialization for survival를 포기한 채 육체적 기능 전부를 일반화·아마추어화한 덕이라고 보기도 한다. 하지만 어떤 면에서는 사람의 존재를 우주적 진화의 최전선이라고 할 만치 (열역학 제2법칙의 보편적 지배에 성공적으로 저항하면서) '정신'이라는 쉽게 설명할 수 없는 기제를 장착한 고도의 조직적인 유기체로 변신해왔다. 그런데 바로 이 '고도의 조직적 유기성highly systematic organicity' 때문에 사람은 도롱뇽과 같은 신체 재생능력을 포기하게 된다.

사람만이 아니라 대부분의 동물은 세포 단위에서부터 고도로 조직화되어 있으므로 이 같은 재생 기능을 발휘하지 못한다. 근년 영국의 연구팀이 발표한 바에 의하면 도롱뇽의 재생에 관여하는 핵심적 소인은 세포의 성장과 관련 있는 효소ERK, Extracellular Signal Regulated Kinase 인데, 세포 성장과 증식을 촉진하는 신호 전달 경로를 담당하며 손상된 부위의 세포에 계속해서 증식 명령을 내린다고 한다. 이는 유기적 호환 가능성이 아직 정교하게 분화되지 않은 상태에서만 가능한 현상이다. 비유하자면 이 재생능력은 유기적 리부팅에 해당된다. 이들은 '생물학적으로' 다시, 시작할 수 있다. 정확히는, 도롱뇽이나 플라나리아의 체세포는 특수하게 분화하거나 복잡한 기능을 갖지 않기 때문에 오히려 처음으로 돌아가서 새로 '시작할 수 있는 것'이다.

다르게 설명하자면, 가령 도롱뇽의 다리 하나가 절단되면 그 잘린 상처 부위에는 곧 상처 경피층wound epidermis이 형성된다. 이어서 이 경피층은 다리 아래쪽 세포들에게 화학적 신호를 전달해 이른바 '탈분화dedifferentition'의 변형을 지시한다. 이 과정은 주변의 세포들로 하여금 충분히 성숙한 현재의 다리 조직으로부터 초기의 덜 전문화된 간세포幹細胞, progenitor cells로 되돌아가게 만든다. 이와 동시에 도롱뇽의 몸 전체에서는 줄기세포stem cells가 활성화되면서 이 재생 과정을 돕는다. 세포 차원에서의 이 '탈분화' 현상은 재생 현상 자체의 놀라움을 고스란히 반복해서 되돌려준다. 매우 흥미롭게도 탈분화 현상은 내가 『집중과 영혼』의 '달인과 성인'을 논하는 자리에서 소개한 개념인 '창의적 퇴행'과 묘하게 닮았다. 이미 충분히 분화되고 전문화되었을 뿐 아니라 늙어버린 상태로부터, 도롱뇽은 탈분화의 육체적 과정을 통해 다시 시작(재생)한다면 현자와 성인聖人은 창의적 퇴행이라는 정신적 과정을 통해 매번 다시 시작하는 지혜와 솜씨를 얻는다고 할까.

다시 시작할 수 있는 것은 '행위의 존재'(아렌트)인 사람의 특성이면서 동시에 모든 공부하는 이들의 생활양식이다. 비록 "여인의 배에서 태어난 사람의 날은 짧고 시련은 많다Man that is born of a woman is of few days and full of trouble"(「욥기」14:1)지만, 비틀거리면서 자기 중심을 잡고 먼 공부길에 나선 이들이 믿는 견실함과 꾸준함은 사실 '이제 여기서 다시 시작할 수 있음'에 터하기 때문이다. 불운과 실착을 피할 수 없는 사람은, 어떻게 다시 시작할 수 있을까. 환생 혹은 재생하지 않는 이상 물리·생물학적으로 다시 시작할 수 없는 사람의 문제의식은 실수하는 행위와 상투화된 버릇의 사잇길을 맴돈다. 예를 들자면 (이미 다른 글들에서 몇 차례 논급했지만) 일을 마친 후 귀가하면서 현관에서 신발을 벗을 때에 나는 늘 내심 '이제 시작이다'라고 마음을 차분히 다지며 신독愼獨의 태도를 강화하곤 한다. 일을 마친 바로 그때가 곧 새로운 시작이기 때문이다. 마찬가지로 하루의 일과를 마친 후 침대에 들면서도 심신의 정돈은 반복된다. 몸을 닦고 침구의 안팎을 가지런히 하고 이불을 당기면서 다시 속마음에 새긴다. '이제 시작이다.'

"특수하게 분화하거나 과대한 기능을 갖지 않기 때문"이라는 생물학적 조건을, 혹은 좀더 구체적으로는 탈분화-재생의 조건을 '인문학적으로' 활용해볼 수 있겠다. 이 육체적인 조건을 에고적 지형의 재구성으로 환치하는 것이다. 물론 이것이 내가 전부터 말해온바 '집중' '몸의 중심 낮추기(적정, 경행 등)' '알면서 모른 체하기', 혹은 '창의적 퇴행' 등과 관련됨은 말할 나위도 없다. 비유하자면 재생은 창의적 퇴행의 방식을 통해 일차적 지성과 계몽을 넘어 닿을 수 있는 '제2의 소박the 2nd naïveté' '노인의 지혜'(헤겔), 혹은 환동還童의 상상을 불러일으킨다. 랭보나 들뢰즈 등은 '미래의 인간은 새 언어뿐 아니라 동물성 자체, 무정형성을 싣고 있다'는 취지의 말을 남겼는데, 이 무정형성이라는 개념을 생물학적으로는 '재생적 탈분화'로, 인문학적으로는 '창의적 퇴행'으로 재해석해 보는 것도 괜찮다.

2. 몸을 끄-을-고, 혹은 근본실용주의

인간사에 관한 담론이나 이론은 그 자체로 소외를 자초하는 면이 있다. 흔히 말하듯 소외 대신에 '자립'한다고 해도 좋다. 이것은 인문학이 자연과학에 비해 현실 적용력이 떨어진다는 비판의 주요한 배경이 된다. 나는 다른 글에서 '이론은 숲의 새처럼 앞서 날아간다'고 한 적이 있지만, 현실보다 앞서 내달리면서 자기 정합성만을 추구하는 중에 필경 현실로부터 소외된 채 정교화 혹은 퇴축退縮, involution 하는 게, 심지어 현실을 자의적으로 무시ostrich bias 하는 게 이론의 내재적 경향이라고 할까. 인간사에 관한 이론은 이론의 구성 성분인 말 그 자체가 지닌 자기 규제력에 의해서 속박되거나 자기 연상력에 의해서 넘쳐 달아나곤 한다.

그러므로 행지行知의 이념에 충실할 필요가 있다. 여건이나 필요, 관심이나 이데올로기, 심지어 나이에 따라서 행이 앞설 때도 있고 지가 훨씬 더 매력적으로 비칠 때도 있다. 중요한 점은 마치 입자, 특히 가상입자virtual particles 가 양자장quantum field 의 흥분excitation 이나 격동turbulence 에 의해 생멸하는 것처럼 인간사에 관한 이론들도 삶과 실천의 바닷속에서 잉태되고 제 수명과 유효성을 얻는다는 사실이다. 따라서 반성 속에서 정위定位되는 자아를 고립시켜 주체로 삼는 것은 그저 마음이 쏠려 생기는 과도한 추상화이며, 돌려 말하자면 '잘못 놓인 구체화의 오류the fallacy of misplaced concreteness' (화이트헤드)인 셈이다. 주체조차 이미 쉼 없이 실천/재구성되는 과정일 뿐이다. 그러므로 윌리엄 제임스나 제럴드 에덜먼의 말처럼, 생각하는 자와 생각의 연쇄는 마치 작인agent과 행위처럼 그 위상을 나누어 분립시키기 어렵다. 그것은 쉼 없는 행위 속에서 통할을 지향하는 과정이다. (물론 이것은 '정신은 자란다'라는 정신진화론의 테제와 필경 이어지는 과정이다.)

이론을 실천/실험을 통해 검증하려는 것은 당연하다. 가령 아인슈타인의 중력 이론(일반상대성이론)은 지난 100여 년간 다양한 실험을 통과했는데, 개기일식 중 별빛의 왜곡 현상(1919년, A. 스탠리)이나 지구에서 약 7000광년 거리에 있는 펄서(빠르게 회전하는 중성자별)의 운동을 관측(2013년)함으로써 검증되었다. 그러나 인문학적 혹은 수행적 이론(지혜)은, 관측이나 수학적 직관에 의한 가설을 세운 이후 검증하는 식으로 이루어지는 게 아니라 꾸준한 실천行 과정을 통해서 이론의 '적실성'이 차츰 분명해진다. 그렇다고 해서 신해수증信解修證의 절차처럼 그 무엇이 완결되는 목적론적 나선이 아니다. 사람의 실천은 완결되거나 적중的中하는 게 아니라 그저 적당/적절해져갈 뿐이며, 그 이론 역시 그런 식으로 적합성을 얻는다. 롤스의 표현을 빌리자면 인문학적/수행적 이론은 합리성이 아니라 적당함을 추구한다.

3. 알면서 모른 체하기

'알면서 모른 체하기'(이하 '알모체')는 내 개인의 소소한 체험에서 연원했다. 차츰 이 체험에 이치가 흐른다는 사실을 알게 되었고, 이 이치가 왜 은미隱微한 것인지, 그 중요성은 무엇인지, 그리고 이 이치에 근접하거나 직관한 학인들은 누구였는지에 관해서도 널리 이해하게 되었다. 『그림자 없이 빛을 보다』는 이 사실에 대한 내 나름의 한 매듭이었다.

달리 말해서 이 주제는 나 자신, 특히 나 자신의 기질에 관한 연구이기도 했다. 당연히 사람은 종적種的 특성을 공유하지만 기질의 차이는 곧 '옆방의 부처'와 같은 것이므로 그 자리에 참섭해 보지 않으면 영영 감감한 형편이 된다. 흔히 지적으로 명석한 이들이 종교적 영성에 어둡거나 미학적 소양이 깊은 이들이 수리數理에 알레르기 반응을 보이거나 혹은 문학적 감성이 있고 글쓰기에 타고난 재능이 있는 자가 외려 사리를 조리 있게 변별하지 못하는 것을 드물지 않게 접하곤 하지만, 이처럼 기질의 차이는 때로 완전히 다른 세계를 밝혀내는 열쇠가 되기도 한다. 가령 왓슨은 초자연supernature의 세계를 연구하기 위한 (기묘한) 단서로서 '부지불식간에unawares' 그 영역에 접근할 것을 요구하는데, 실은 (그가 다른 계기에 밝힌 바에 의하면) 이런 식의 접근이 가능한 것은 오히려 '특별한 기질을 지닌 자'에게 국한된다. 예를 들어 다빈치나 라이프니츠나 모차르트나 피카소나 아인슈타인과 같은 이들을 그저

'천재'로 몰아세우면서 한데 뭉뚱그리면 사태의 진상을 놓치고 특히 그 기질적 차이라는 결정적인 범주를 혼동하게 된다.

1979년 10월 26일 박정희가 죽던 날에 꾼 꿈, 그리고 2016년 9월 22일(목) 오전 경주-밀양 등지에서 지진과 여진이 계속되던 중에 내가 '들었던 말(?)' 등등에는 나름의 이치가 있다.[1] 이 이치는 은현隱現해서 (옛 성인들이 그러했던 것처럼) "미리 알려면 반드시 징후와 겉에 드러난 모습을 살펴야"[2] 하는 종류의 것인데, 이 경계가 시사하듯이 정상적인 공부를 통해서 접근하기는 쉽지 않다. 당연히 대학에서는 인과적으로 검증 가능하고 상식상 합리적인 설명이 통하는 영역의 대상들을, 그것도 제도적으로 분과分課해서 다룰 뿐이므로 그곳에서의 자득이나 소출을 기대하기는 어렵다. 그런가 하면 내가 '알모체'에 관한 한 '에고가 소비한 것을 무의식은 돌아보지 않는다'는 취지의 정식heuristic principle을 이미 밝힌 바 있듯이, 이는 근본적으로 에고의 자기 초월과 관련되기 때문에 늘 저항Widerstand이 문제가 된다. 그런데 이 저항을 우회하는 길 역시 개인의 기질에 의해서 마련되곤 한다. 알모체의 주체가 무엇인지는 아마 알아내기 어려울 듯하다. 아직 해명해내지 못하고 있는 우주적 원리 중 하나인지, 무의식의 목적성(융)인지, 어느 이름 모르는 신神의 의지인지, 양자효과quantum effect처럼 실재의 기본 단위에서 벌어지는 의외의 조화인지, 무질서도entropy를 무릅쓰고 소통과 조화를 향해 나아가려는 존재의 순차성seriality인지, 우주와 실재 그 자체에 내장, 직조되어 있는 정보의 순환인지, 여태 콕

집어 설명할 수 없다. 특정한 기질의 전망 속에서 직관적으로 다가오는 기별은, 인간의 정신은 무엇인지, 그 개입의 가없는 펼침과 스침은 어디까지인지, 그리고 실재는 우리와 어떻게 관계하고 있는지, 새삼스러운 '경이θαυμάζειν'(아리스토텔레스)를 자아낸다.

4. 시의 강

 '시詩의 강江'은 오래전부터 사용해오던 비유다. 사막처럼 황폐한 곳의 어느 으늑하게 숨어들어간 자리에서 낮게 흐르는 개천을 상상한다. 산문조차 염려艶麗하고 심지어 신이神異할 수 있지만 그것은 여전히 마른 무엇이다. 그래서 내게 시는 물기가 있는 흐름이다. 마른 땅과 개천 사이의 명료한 경계는 없으며, 실상 이 경계를 구성하는 개입이 곧 시인의 마음이다. 가까이 있지만 영영 그 가치를 알아볼 수 없는 대상을 일러 '옆방의 부처'라고 했는데, 준비된 개입이 없는 한 그 모든 시의 강은 곧 옆방의 부처가 된다. 그래서 많은 이가 시를 찾고 즐긴다지만 시의 물줄기에 접하는 이들은 적다. 감히 말하건대 등록된 시인의 9할 9푼은 필경 사막의 곳곳을 헤매는 중에 말라죽은 좀생이 짐승에 지나지 않을 듯하다.

5. '최고의 삶은 연극적'이다

연극적 실천, 그 정식定式은 '최고의 삶은 연극적'이라는 문장이다. 이는 간단히 말해 자기 삶을 '진짜로' '진정하게authentically', 혹은 '진심으로' 살지 않는 게 낫/좋다는 (다소 역설적인) 뜻이기도 하다. 이 말을 이해하기 위해서 필요한 우선적 전제는, 삶에서는 가짜와 진짜의 이분법적 구별이 가능하지 않다는 사실이다. 모든 삶은 자신의 책임과 누림을 요구하는 제 삶이고, 그것은 다만 그것대로 진짜 삶인 셈이다. 진眞/가假를 차별하는 대신, 잘 산 삶과 못 산 삶이 있을 뿐이라고 생각하는 게 좋다.

이 취지를 예시하는 데에는 종교와 사랑이 매우 적절하다. 바로 말하자면 종교를 '진짜로' 믿는 이들은 대체로 위험해진다. 사이비한 종교에 빠진 이들이나 종교적 열정으로 남과 자신을 위험에 빠뜨리는 이들은 죄다 자신의 종교를 '진짜로' 믿는다. 바로 이 '진짜' 속에서 아집과 독선과 어리석음과 잔인함의 싹이 돋는다. 당연한 말이지만, 그렇다고 해서 '가짜로' 믿으라는 말은 아니다. 니체식으로 말하자면 믿음의 강도Stärke가 아니라 지속성Dauerhaftigkeit을 강조하는 취지에 가깝다. 비유하자면 예수를 (심리적으로) 믿으라는 게 아니라 예수와 일정한 자기 나름의 거리를 두고, 이를테면 그와 함께 (삶의 양식을 지니고) 걸어가보라는 것이다. 이 대목에서는 '부처를 만나면 부처를 죽이고 조사祖師를 만나면 조사를 죽이라'는 식으로 자기부정과 탈애착脫愛着까지를 말하는 불교적 교설을 떠올리는 게 도움이 된다.

사랑도 마찬가지다. 사랑을 '진짜로' 믿는 이들은 대체로 자신과 남을 위험에 빠뜨린다. 환상과 환멸의 돌림노래를 부르는 중에 스스로 어리석어가고, 이와 더불어 관련되는 이들을 제 욕망과 버릇 속으로 포집해들이고자 폭력까지 불사한다. '진짜'에 코를 박는 암둔과 폭력에서 벗어나 연극적 실천의 일관성과 성실함으로 삶과 그 사태를 겪어내는 일은 공부의 미덕이며 이로써만 가능해진 조심과 관후寬厚의 미덕이기도 하다. 삶에 대한 성실이 반드시 '진짜'라는 확신에 터하지 않아도 좋다는 점을 아는 것은 곧 공부의 좋은 열매인데, 이 역시 공부길을 향한 열정과 함께 '모른다'는 새로운 시작점 앞에서 생성되는 깊은 겸허를 거쳐 가능해진다.

6. 현복지 혹은 공동의 노동

 현복지(현명한 복종과 현명한 지배)는 일이 되게 하려는 꾀바른 애씀이며 협력을 말한다. 현복지는 반드시 어떤 일事을 매개로 생기는 관계를 가리킨다. 일이 없으면 현명하든 그렇지 않든 복종과 지배의 관계가 불필요하다. 평등이 이념이라면, 현명한 복종/지배는 일상의 낮은 자리에서 벌어지는 구체적인 조직이자 연대다. 이것은 그저 '생존과 경쟁의 신화로 전락한 자유주의 모델'이건 혹은 미래의 희망을 기약하는 혁명적 전술이건, 자유와 평등을 받아먹고 계몽된 이들이 생활의 낮은 자리에서는 왜 폭군이나 냉소꾼으로 전락하는가 하는 문제의식과도 연루되어 있다. 사람들 사이의 관계와 이를 매개하는 일은 서로 긴밀히 얽혀 있는 법인데, 현복지의 취지는 일이 되게 함으로써 관계상의 신뢰에 기여하고, 거꾸로 그 신뢰의 힘으로 다시 일이 수월하고 효율적으로 진행되도록 돕는 것이다.

 두 사람이 산책하면서 대화를 나눈다고 하자. 그 산책과 대화를 '평등하고 자유롭게' 한다고 말하는 것은 쉽다. 실은 이런 추상적인 말에는 사태의 실상을 제대로 이해하지 못할 때에만 발화 가능한 안이함이 있다. 다른 수많은 행위 관계처럼 산책도 평등할 도리가 없다. 걷는 길이나 주변 여건에 따라서 어느 한 사람이 약간 앞서거니 뒤처지거니 하고, 어깨가 부딪치거니 서로 약간씩 물러서거니 한다. 장애물이 생기면 한 사람은 직접 그 장애물에 대처하면서 다른 사람이 좀더 편히 지나가도록 돕기도 한다. 잠시 쉬어가자고 할 때에도 두 사람이 동시에 같은 자리에 앉아 완벽히 평등한 휴식을 취하는 게 아니다. 누구는 좀더 편하고 높은 자리에, 또 누구는 좀더 불편하고 낮은 곳에 앉기도 한다. 대화도 마찬가지다. 인공지능AI을 장착한 로봇들 사이의 언어게임이 아닌 한 대화는 다양한 수행遂行을 품은 복합적 행위의 과정이며, 그 속에서는 셀 수 없이 많은 편차와 어긋남과 마찰과 불평등이 생긴다. 현복지는 이렇게 피할 수 없는 관계 속의 불평등을 오히려 적극적·제도적·효율적으로 재구성해서 전화위복의 결실을 도모하려는, '현실에 기반하고 성사成事를 지향하는reality-based, work-oriented' 너그럽고 슬기로운 실천적 꾀다.

현복지는 실생활의 구체성에 박진하려는 요구이며 애씀이다. 자유와 평등의 이념에 대한 실천적 비평이면서 우리의 구체적인 실생활이 어떻게 엮이고 진척되는가에 대한 고민의 산물이기도 하다. 함께 어울려 일할 때에는 자유는 차라리 슬기가 되어야 하고, 평등은 오히려 너그러움이 되어야 할지도 모른다. 자유가 방종이 되고 평등이 아집이 되는 계기와 순간들이 '실제' 생활에서 얼마나 많으랴. 현명한 복종과 지배는 이 방종과 아집을 제어하면서, 시간의 흐름 속에서 이루어지는 일의 생산성과 신뢰의 깊이를 키우려고 한다.

7. 개입

개입은 자기 개입이며, 그 개입을 아는 게 지혜의 근원이다. 이 말은 곧 '너 자신을 알라'라는 소크라테스적 격언의 이면이면서 정신분석학이 성립되는 유일한 연원이기도 하다. 사람의 어리석음은 근본적으로 '제가 하는 짓을 알지 못한다'는 형식을 취한다. "예수께서 이르시되 아버지 저들을 사하여주옵소서 자기들이 하는 것을 알지 못함이니이다 하시더라."(「누가복음」 23:34)

사람의 개입이 갖는 중요성과 그 심오함은 사람이 정신적 존재이기 때문에 생긴다. 이것은 의식 혹은 정신이 사물과 대치하고 있는 또 하나의 항목(뇌에 그 연원에 대고 그 계보와 작동에서 뇌로 환원 가능한 대상)이라는 주장을 거스른다. 이른바 '관찰자 효과observer effect'는 '관측 행위 그 자체에 의해서 관측되는 대상/계界가 교란되는 현상'을 가리키는데, 관측자(주체)가 교란을 통해 관측 대상(객체)에 개입하는 현상은 단순히 도구적 불완전 탓이 아니다. 가령 우리 시각視覺은 빛의 반사라는 형식을 통해서만 대상을 지각하는 식으로 개입하는데, 이때도 시각이라는 경험에 관한 한 우리 의식(시각적 주체)은 시각의 대상이나 빛의 외부에 별개로 존재하지 않는다. 최소한 두 가지 뜻에서 그렇다. 첫째는 물리화학적 사실일 뿐이지만 둘째는 논란이 될 만한 관념론적 취지를 내함하고 있다. 우리가 갖는 시각적 경험은 빛 중에서도 가시광선이라는 특정한 영역에 반응하는 우리 몸의 구성적 조건과 연루되어 있다.

다른 동물의 눈들이 수용·해석하는 대상의 내용이 우리와 다르다는 당연한 사실도 시각 경험이 주객의 '대응'이 아니라 '구성'설적으로 설명되어야 함을 잘 보여준다.

두 번째 취지는 의식 혹은 정신의 능동적 개입에서부터 일견 주술적으로 보일 수도 있는 관념론적 '결정'에까지 이른다. 이러한 생각 혹은 연상에 따르면, 빛의 매개적 작용에 의해 내 시각적 경험이 생긴다고 말해도 (작금의 과학적 입장에서는) 완벽히 옳지만, 다른 한편, 거꾸로 관찰자로서의 내 정신이 이미/늘 본질적으로 개입하고 있기 때문에 빛은 그런 식으로 매개하게 된다고 해도 좋다. 양자 이론에 의하면 광자나 전자와 같은 소립자는 (입자설의 입장에서) 파동을 가상의 입자로 둔갑(축소·붕괴·결정)시켜 사유하는 방식의 결과물이다. 유명한 이중 슬릿 실험에서 밝혀진 것처럼 이런 소립자들은 파동이면서 입자인 상태를 동시에 지녀서 중첩 superposition 되어 있는데, 이는 역시 관측되는 순간 중첩되어 있던 가능성이 접히면서 collapsing 그중 하나가 '결정'되어 현실화된다. 중첩된 실재의 가능성이 정신이라는 태생적 개입의 존재에 의해 관찰 가능한 하나의 시스템으로 결정되는 것이다.

관찰자 혹은 정신의 원형적 효과를 거시세계로 확장해서 그 내용을 밝히기는 어렵다. 이런 점에서도 '인간의 어리석음은 끝이 없다'. 내가 긴 세월 관심을 가진 문제인 '집중'은 (잡념을 배제시킨, 혹은 의식의 내용이 없는) 의식의 특유한 상태인데, 학인과 수행자들이 입을 모아 집중을 통해서 마음의 경계를 바꿀 수 있다고 주장하는 것은 이미 그 자체로 '애매한 텍스트'이긴 하지만, 이 역시 개입-결정의 상상력을 통해 설명해볼 수 있다. 알파파니 베타파니 하는 식으로 뇌파의 주파수에 의해 의식의 상태를 변별하기도 하지만, 무의식/의식/초월의식 등속으로 나누어볼 수도 있는데, 종교나 명상의 체험, 혹은 여타 수행을 통한 다양한 각성으로 도달할 수 있다는 이른바 '초월의식 transcendental consciousness'은 죄다 집중의 형식을 통한다는 점에서 공통점이 있다.

   내 체험이자 판단에서 집중의 형식을 통해 만들어내는 초월적 대상의 하나는 소위 단전丹田이다. 경락經絡이나 경혈經穴은 핏줄이나 신경절처럼 해부학적으로 확인되는 게 아니다. 사물 혹은 살아서 호흡하지 않고 있는 시체에서는 이 가상의 초월적 실체가 존재할 수 없다. 이는 오직 집중의 형식을 통해서만 '떠오르는'/결정되는/(가능성이) 구체화되는 것이기 때문이다. 근년의 과학적 연구에 의해서도 경락/경혈의 실재감은 기껏 기운氣運이나 전기적 에너지 등속에 의해서 간접적으로 체감될 뿐이다. 단전호흡에 관한 고금의 책들을 살펴보면 죄다 호흡을 매개로 '의념意念'을 단전혈에 지긋이 고정함으로써 감각화를 기하고 이로써 단전을 '잡아내려'고 한다. 말하자면 단전과 같은 경혈은 워낙 하나의 고정된 실체로서 신체 내에 존재한다고 말하기 어렵다. 오히려 그것은 호흡과 의식을 통해 몸에 널려 있던 가능성의 하나가 제 위치를 알리면서 감각적으로 고정되는 과정으로 보는 게 나을 듯하다. 이처럼 단전도 개입의 사건이며, 특히 의식(의념)이 꾸준히 개입함으

로써 궁극적으로는 양자적 효과에 기대는 중에 발생하는 사건으로 보인다.³

8. 조각난 지혜

'조각난 지혜'란, 특별히 인간 구제(구원)의 문제와 관련해서 통용되는 지식들의 불완전함에 대한 담론이다. 그리고 이 불완전함에도 불구하고 어떻게 하나의 완전한 서사세계를 만들어 신자들을 수용해올 수 있었는지에 관한 탐색이기도 하다. 대개 서사는 '그 후로 그들은 행복하게 살았다They lived happily ever after'는 식으로 어떻게든 완결성을 기한다. 이 완결 강박이 종교와 같은 체계주의적 권력의 순환계를 지배하게 되면, 신자들의 이데올로기적 순응에 교조敎祖의 카리스마가 합치되면서 완성되는 체계 속에서 당연하게도 그나마 온존했던 지혜들은 조각나게 된다. 온전하고 배타적인 체계를 이루고 있는 구원의 시스템은 자기 체계의 무오류성을 증명할 수 없는 '불완전성incompleteness'을 지닌다. 게다가 구제/구원은 삶의 의미를 추구하는 인간들의 보편적 관심거리이므로 그 논의는 때로 격정적인 경합을 이룬다. 이 경합의 사태는 흔히 대화와 자정自淨과 성숙을 외면하고 체계의 결속과 배타성을 강화하는 쪽으로 구성원들을 몰밀어간다. 이미 도그마이자 강박이고 버릇이 되어버린 구제의 길과 지혜는 성찰과 교류와 비판과 평화의 길이 아니라 아집과 암둔, 심지어 폭력의 도구가 되기도 한다.

조각난 지혜란 자기 구제의 자율성을 다시 주체화시킨다. 오염되고 조각난 도그마들을 떼 지어 믿을 게 아니라 자기 양심과 자기 판단과 자기 책임의 토대 위에서 스스로 제 삶의 전망과 의

미를 구성하려는 노력에 값하는 공부를 제안한다. 필경 "스스로 노력하는 자를 구원할 수 있을 것Wer immer strebend sich bemüht, den können wir erlösen"(괴테, 『파우스트』)이라는 말을, 흔들리면서 걸을 수밖에 없는 삶의 지남으로 삼아야 한다. 이는 구제/구원을 공부길 속으로 재편입하려는 시도이면서, 동시에 공부를 삶의 구체적이며 실존적인 문제 틀과 접속시켜야 한다는 요청이다. 개인 간의 논쟁과 불화에 있어서도 양자택일all or nothting의 태도를 경원시하지만, 구원의 문제처럼 인간사 전체가 얽혀 있는 경우 한 가지 마음, 한 가지 지혜, 한 가지 방법으로써 이 전체를 단번에 넘어서려는 것은 환상이거나 맹신이다. '모른다-모른다-모른다'는 전제와 같이 조각난 지혜란 이런 환상과 맹신에서 가급적 멀리 있으려는 조심과 애씀이 빚어내는 삶의 실천적이며 효율적인 전망이다.

6장
'윤석열 현상'과 한국적 교양의 실패

어쩌면 지금도 다양한 갈래와 모양으로 계속되고 있을 '윤석열 현상'은 결국 '자기표현'의 일종으로 보아야 합니다. 뽀루지처럼 혹은 암癌처럼, 우리 생활과 사고가, 우리 문화와 교양이 한껏 제 모습을 드러낸 것이지요. 가령 낙동강의 처절한 오염을 사대강 사업으로 몰밀어 '이명박' 한 사람을 호출하는 것으로써 뒷갈망하려는 행태를 반복하지 않는 게 현명합니다. 윤씨는 연산군이나 사도세자처럼 유별난 인물이긴 해도, 사태의 전모나 알속을 여실히 드러내자면 '풍경의 중심'에 과하게 꽂히지 않는 게 좋습니다. 특히 분석과 비판의 자리가 정치비평이 아닌 철학·인문학이라면 더욱 그러합니다. 자신을 알려는 철학, 그리고 사람의 무늬人紋를 보살피는 인문학은 어디에서 무엇을 하고 있(었)을까요.

여럿의 비평처럼, 윤석열 현상의 보람(?)은 한국 사회를 주무르고 있는 권력 엘리트의 민낯을 백주에 전시했다는 사실입니다. 그리고 이 사실이 폭로하고 있는 것은 한국적 교양의 실종이며, 유사 선진국으로 발돋움하려는 이 압축성장의 나라가 드리우고 있는 깊은 그늘입니다. 그것은 왕조 이래 진정한 개벽/혁명의 길도 없었고, 식민지의 굴욕에 이은 참혹한 내전에다가, 자생적이며 통합적인 근대화의 길도 겪지 못한 데에 그 원인의 일부가 있습니다. 역사와 인간을 공부하는 학인으로서 더 아쉬운 사실은 여러 국가적 불운과 긴 독재의 망령, 그리고 졸부자본주의적 천박을 비평적으로 견제하면서 정신적 내면을 지켜낼 수 있는 인문주의적 교양의 길마저 제대로 형성되거나 두텁게 공유되지 않았다는 점일 것입니다.

　이번 강의에서는 이른바 윤석열 현상을 계기 삼아 인문학적 교양의 상태와 그 수준을 통해 우리 사회의 정신문화적 지형도를 그려보고자 합니다. 윤석열이라는 현상은 우리 사회의 무엇을 어떻게 반향하고 있을까요. 그리고 왜 이처럼 후안무치한 일과 말들이 이 사회의 상층부를 종횡하고 있으며, 국민의 30퍼센트 이상이 여전히 그와 그의 패거리를 지지하고 있는 이 기괴한 현실은 어떻게 해명·비판될 수 있으며 또 적으나마 어떻게 대안적 실천을 모색할 수 있을까요. 우리가 살고 있는 이 좁은 세상은 정신적으로 어느 정도의 자득을 이루고 있을까요?

1. 왜 왕을 죽일 수 없는가

기괴한 인간이었던 연산군(1476~1506)은 중종반정(1506)으로 폐위된 후 2개월 만에 유배지인 강화도에서 병사했다. 병리적으로 극악했고 황음비도荒淫非道했던 그를 민의를 좇아 독살하려던 시도가 여러 번 있었지만 당시의 강화부사가 막았다. 연산군은 약 12년의 재위 기간에 수천 명의 억울한 죽음을 지시하거나 방조했다. "황제와 동등한 지위와 권력을 갖는 것이 궁극적인 목표"[1]라고 했듯이, 그의 무도한 권력 행각과 엽색은 이미 제후의 것을 능가해서 이 좁은 땅, 우리 역사의 지평에서 처음으로 야만적인 황제의 핏빛을 보여주었다.

'윤석열 시대'를 살고 있는 내게 있어 가장 중요한 의문은 왜 연산군을 죽이지 못했(않았)는가 하는 데 있다. (그러나!) 걸주桀紂를 죽이지 않고 봉작封爵한 데 대한 역사적 해석은 이 짧은 글에서는 생략하자. 1792년 프랑스에서는 공화제가 선포되었고, 루이 16세(1754~1793)는 혁명 정부에 의해서 국가반역죄로 기소되었으며, 708명의 투표자 중 유죄 673명 무죄 0명 기권 35명이라는 압도적인 결과로 유죄가 확정되었다. 1793년 1월 21일, 웃옷을 벗기고 수갑을 채운 후 단두대에서 참수했고, 집행인은 그의 머리를 들어 군중에게 권력의 몰락을 증명했다. 대한민국 1, 2, 3대의 12년간(1948년 8월 15일~1960년 4월 27일) 대통령이었던 이승만은 제주 4·3사건과 보도연맹 학살과 전쟁 중의 민간인 학살 등 재임 기간에 수만 명의 억울한 죽음에 직간접적으로 책임이 있는 자다. 그 외에도 반민족행위특별조사위원회의 해체, 정치 깡패의 악용, 6·25 전쟁 중의 무책임한 언동, 국회 프락치 사건, 발췌 개헌, 사사오입 개헌 등의 친위 쿠데타, 진보당 사건, 3·15 부정선거 등등 어느 하나만으로도 탄핵받아 마땅한 짓을 저질렀다. 이승만은 1960년 4월 19일, 긴 독재 끝에 부산·광주·대전·대구 등지의 시위에서 발생한 186명의 사망자와 6000여 명의 부상자를 뒤로한 채 하와이로 도주했고, 호놀룰루에서 천수를 누렸다.

 나는 몇 차례 전두환(재임 1980~1988)을 죽여야 한다는 글을 발표하곤 했다. 이번에야말로 '왕을 죽일 수 있는' 호기가 아닌가 했다. 왕을 죽여서 민중의 한을 풀고, 비슷한 선택과 비극을 반복하지 않도록 함으로써 역사에서 결정적인 교훈을 얻을 기회를 잡을 수 있지 않을까 했다. (가령 2025년의 5·18 전야제에서 벌어진 '축제' 비슷한 풍경을 보면서 다시 한번, 전두환을 죽이지 못하고 뻔뻔히 천수를 누리도록 방치한 사회를 배경으로 행하는 그 무슨 해원이나 축제, 용서나 치유의 시늉은 죄다 근본적으로 '거짓'이라는 생각을 지울 수 없었다.) 그러나 헉슬리의 말처럼, "역사에서 별로 배우지 않는다는 게 역사의 가장 중요한 교훈That men do not learn very much from the lessons of history is the most important of all the lessons of history"일까, 김대중은 관후한 사감을 공론과 섞은 채 그를 사면하고 말았다. 연산군과 이승만과 전두환을 죽이지 못한 것이 지금을 살아가는 우리에게 남긴 후과는 무엇일까? 수많은 무고한 이의 살상에 직간접적으로 책임이 있는 왕과 간신들이 면책되고, 핏빛 권력의 후광을 유지하면서 뻔뻔하게 여생을 누리는 짓이 반복되는 것은 특히 우리 근현대사에 어떤 그늘과 왜곡을 낳았을까? 이승만과 박정희는 말할 것도 없고, 전두환-노태우-이명박-박근혜 등 대통령이 되는 대로 예외 없이 감옥행을 거친 파당派黨에서 다시 윤석열이라는 기괴한 사건이 생겨났을 뿐 아니라 여태도 국민의 30퍼센트 이상이 그 패거리를 지지하고 있는 이 생게망게한 현실은 어떻게 해서 생겨난 것일까?

2. 능력주의 혹은 선발주의

윤석열 사태를 통해 그나마 얻은 게 있다면 한국 상층부의 핵심층inner circle을 이루고 있는 권력 엘리트들의 민낯을 백주에 전시했다는 사실이다. 정치계, 법조계, 고위 관료층(게다가 의사 집단까지) 할 것 없이, 수업 과정에서 최고의 성적을 내고 여러 선발 절차에서 승승장구하며 출세한 후 한 나라의 기틀과 동량이 될 만한 계층의 주인공으로 올라선 이들의 면면이 마치 인두겁을 쓰고 있는 원숭이 무리처럼 보이지 않던가. '열정 Leidenschaft, 책임감 Verantwortungsgefühl, 그리고 사태 파악 능력 Augenmaß으로 무장해야 할 정치인들'(베버)은 민주주의의 기본에서조차 무력해 보이고, 청신근清愼勤이라는 양심의 끈으로 묶은 당관지법當官之法의 합리주의는 관료사회에서 사라진 지 오래이며, 정의·공정과 함께 독립성을 최고의 존재 조건으로 여겨야 할 법조계, 심지어 사법부조차 기득권 카르텔에 포섭된 채 개인의 보신과 안락을 살피느라 정치화의 무리수를 마다하지 않고 있으니 참으로 목불인견이다.

이번 윤석열 사태를 통해 미디어에 드러나 천하에 공개된 다수 권력 엘리트의 모습은 그야말로 한심하고, 누구의 말처럼 '인간으로서의 기본적 품위'조차 찾기 어려워 보인다. 이렇게 된 근본적인 원인과 더불어 그 (혁명적 형식의) 희망까지를 교육에서 찾는 이가 김누리다. 김 교수는 이번 계엄 사태의 무대에서 여실히 드러난 한국 사회의 문제는 '근본적으로 전쟁터와 다름이 없는 우리의 교육 현실에서 배태된 것'(『경쟁 교육은 야만이다』)이라고 진단한다. 이른바 '7세 고시高試'로 알려진 현상은 경쟁사회의 그악한 단면을 보여준다.『헤럴드경제』(2025.2.18)에 따르면, 강남의 어느 어학원에서 나흘간 치른 영어시험에는 예비 초등학생 1200명이 참가해 북새통을 이루었다. 그 난도도 고등학생 수준에 이른다는 이 시험의 목적이 의대 합격을 위한 포석이라는 사실이 더 가관이다. 정부가 발표한 '2024년 유아 사교육비 조사'에 의하면 6세 미만 영유아의 부모 1만2341명이 해당 영유아를 위해 매달 지불하는 평균 교육 비용은 145만4000원이었다. 일곱 살이 이미 자기 학대 혹은 자기 소모 autophagy에 이르는 경쟁의 파도에 내맡겨진다면, 일흔 살에 이른 한국의 노인들은 OECD 국가 중 비교할 수 없을 정도의 압도적인 자살률(매년 3000~4000명)을 보인다. 산재율도 통계마다 약간의 편차가 있지만 역시 수위권에 머물고 있다. 일곱 살에서 일흔에 이르는 사이에 한국인들이 하는 일상적인 경험의 요체는 '경쟁', 더 정확히는 '모방적 경쟁 la rivalité mimétiques'(지라르)이며, 그것도 한국적 졸부/천민자본주의의 하드웨어와 신자유주의적 소프트웨어를 결합시켜 조성한 무한경쟁-각자도생의 경쟁터인 셈이다.

내게도 한국이 특이하고 극심하게 편향된 경쟁사회라는 사실은 재론의 여지가 없어 보인다. 선진국의 문턱에 이미 닿았고, K문화처럼 자화자찬의 목록에 오른 게 한두 개가 아니며, '30-50 클럽 국가'[2]에 속한 한국은 왜 이렇게 삶이 팍팍하고, 일상의 소소한 자리에서 깊이 누리는 행복과 평온이 없을까? 급기야 어떻게 최고의 엘리트들은 서민들이 그들의 판단에 의지해야 할 위기의 순간에 외려 능력도 정의감도 교양도 인품도 없어 보이는 꼴을 철면피하게 내보이는 것일까? 이 원인을 한두 가지로 몰밀 순 없지만 우선 김누리처럼 '경쟁사회'와 이를 옹위하고 있는 능력주의와 공정론에서 문제의식을 얻고 또 교육혁명에서 그 희망의 묘맥을 보자면 최소한 비평과 해결의 실천적 전망은 비교적 명료해진다. 윤석열 현상을 통해 매스컴에 나타난 각 분야의 권력 엘리트들의 실체를 보면서 우리 모두는 단번에 귀류법적으로 한국 교육의 실체에 직면하게 된다. 물적·제도적·상징적 특혜를 입고 이미 기울어진 경쟁의 운동장에서 내내 수위권을 독식해왔던 이들이 마침내 도달한 자리가 지혜로운 자리도, 더불어 살려고 애쓰는 자리도, 선공후사의 자리도, 심지어 그 지위에 어울리는 책임감과 품위의 자리도 아니라면, 이들은 그 기나긴 수업과 경쟁과 장구長驅의 기간에 대체 무엇을 겪고 느끼고 얻었던 것일까? 학령기 이전부터 익숙해진 교실 전투를 시작으로 수많은 경쟁에서 남들을 제쳐가면서 승자 독식 사회의 권력의지를 내면화한 이들이 부지불식간에 조성해온 그 지성은, 마음은, 판단은, 인생관과 세계관은 어떤 모습을 띠고 있을까?

동아시아의 사상적 전통에서는 '진리보다 조화調和'(리쩌허우)를 추구하고, 서양에서도 '계몽의 기만적 자기파괴'(아도르노)를 거쳐 '화해가 없는 이(오)성 Verstand ohne Harmonie'(하버마스)에 대한 비판이 이미 한참 되었지만, 새것 콤플렉스와 정신문화 지체가 착종된 우리 현실에서는 그 모든 것이 자본과 권력을 향한 개인주의로 수렴된다. 그리고 승자가 된 엘리트들은 바로 이 자본과 권력으로 무장한 개인주의를 오만하고 파렴치하게 휘두른다. 그것은 대의나 민의, 양심이나 공적 책임감조차 일거에 내팽개칠 수 있는 존재론적 욕망이다. 그러나 김누리의 주장과는 조금 달리, 문제의 알짬은 경쟁이면서도(이라기보다) 오히려 '선발'로 보인다. 엄밀히 말해 최고의 성적을 내면서 권력 엘리트의 지위에 오른 이들의 지성과 양심은 반복되는 엄혹한 '선발'에 의해 이지러진 것이며, 원칙적·실천적으로 '선발이 없는 경쟁'은 충분히 가능하기 때문이다. 나 자신도 30년 가까이 '장미와 주판'이나 '장숙藏塾' 등의 대안 인문학 학교를 이끌어왔지만, '수유너머' 등의 준전문가 집단을 비롯해 전국에 산재한 각종 아마추어 인문학 모임들은 서울대학을 정점으로 위계 서열화한 선발 시스템에서 벗어나, 넓은 의미에서 자신의 삶과 정신을 돌보고 구제하려는 취지와 의미에 젖어가면서 '선발이 없는 경쟁' 문화, 달리 말해 '선발이 아닌 계발啓發' 지향의 교양에 차츰 적응해가고 있다. 이로써 경쟁과 배제, 선발과 출세에 특화된 지능 Intelligenz이 아니라 화해와 배려, 공동체적 연대와 자기 구제에 나서는 새로운 정신 Geistigkeit을 조금씩이나마 함양할 수 있겠다.

3. 한국적 근/현대화와 교양의 실종

우리의 근대화는 우선 청산주의 근대화였다. 가령 한글 전용은 '목욕물을 버리면서 아기를 버리는' 짓³인데, 이 짓거리가 일종의 '진보'로 여겨졌던 게 우리식 근대화의 명암이 교차하는 곳이기도 하다. 청산주의는 과거의 부정이므로 필경 역사로부터 무엇이든 배우지 않겠다는 말인데, 이 같은 반역사주의적 태도는 일차적으로는 이승만 정권 아래 1949년에 해산된 '반민족행위특별조사위원회'에서부터 2023년 윤석열 정부 아래에서 벌어진 독립군·광복군 영웅들의 흉상 철거에 이르기까지 몰염치하게 이어지고 있다. 나아가 이러한 망탈리테mentalité와 태도는 우리 사회 전 분야에 걸쳐 있으며, 이는 또한 한국 자본주의의 천민·졸부성, 선발·출세주의, 그리고 '소비자' 이상의 공공적·교양적 인격층의 부재와 겹쳐 있기도 하다. 한국의 현대인들은 비유하자면 '시계가 없는 백화점 속에서 살아가는 쇼퍼shopper'와 같다.

이 한국인 쇼퍼들은 니체가 말한바 '최후의 인간der letzter Mensch'으로서 문화적 소비자이며, 혹은 베버가 말한바 '영혼이 없는 전문가이자 가슴이 없는 향락인Fachmenschen ohne Geist, Genussmenschen ohne Herzen'이기도 하다. 이는 역사의 창窓을 잃어버린 자들이며, 현재와 그 이해가 과거의 역사적 그늘 속에서 발효할 수밖에 없다는 영향사Wirkungsgeschichte(가다머)적 의식을 상실한 자들이다. 경쟁(선발)과 보신과 소비만으로 구성된 이들의 삶에서 통으로 빠져 있는 게 바로 '공민적 교양die bürgerliche Bildung'이다. 헤겔(『정신현상학』)에서 유래하는 교양·도야Bildung라는 개념은 우리말의 교양보다 한층 더 포괄적이며 보편적인 과정으로서 전인적全人的 인간 형성을 지향한다. 헤겔이 그의 책 서문에서 밝힌 대로, '정신Geist은 자기 분열과 전개를 통해서 스스로 완성되어간다'면, 이 절대(실체)의 표현적 계기인 인간의 주체도 전인을 향해 스스로 완성되어간다. 이것은 긴 곡절과 노력을 통해서만 조성되는 문화와 제도, 예술과 철학의 알짬이랄 수 있다. 교양은 우선 과거와의 대화다. 특히 괴테를 통해서 구체화된 자기교양Selbstbildung의 형식(『빌헬름 마이스터의 수업시대』)은 실상 고대 그리스의 문무文武 합일 이래 기독교의 천로역정식 자기 정화 및 중세의 기사 수업과 계몽주의적 인간의 이상 등등이 그 배경을 이루고 있다. 이 성격을 우리에게 대입시킨다면, 근대화를 과거 청산과 동일시하고 교육을 미래화를 위한 경쟁으로 재촉하며 몰역사를 화해와 통합으로 곡해하는 짓이 미칠 반교양적 폐해는 자명해진다. 교양의 통시성(역사성)과 더불어 또 다른 중요한 조건은 공시성인데, 이로써 동시대의 타자들과 더불어 살아가는 세상에 다양하게 응하는 중에 지원知圓의 슬기와 행방行方의 결기를 아울러 얻게 된다. 최종적으로는 이 통시성과 공시성이 겹치는 자리에서 교양과 철학적 지혜의 알속인 '자기 이해'가 돋는다.

역사 망각의 청산주의에 터한 농축·타율·불평등적 근대화의 그림자와 함께 각자도생의 신자유주의적 자본주의가 펼쳐놓은 경쟁적 소비 공간은 한국인의 일상이 되었다. 무한경쟁과 패자霸者 선발을 통해 '앞으로! 더 많이! 더 높이'만을 외치며 안팎이 물화物化되어가는 와중이 우리 현실이므로, 자본과 권력을 제어·순화하고 일상생활의 깊은 내면과 갖은 표현력을 구제할 수 있을 교양적 토양과 의식은 거진 말라버렸다. 게다가 백년지계라는 교육의 체계마저 오직 선발용으로 졸아들어, 조선 중기 이후 거의 모든 실학자에 의해서 줄기차게 비판되어왔던 과거제와 제국주의 일본의 관리 선발 시스템이 지닌 폐해를 고스란히 반복하고 (혹은 여기에다 자본제적 이데올로기에 덤으로 현혹된 채 '악화되고') 있다고 해도 과언이 아니다. 인문학 열풍의 소식이 없진 않고, 전국 각지에서 공부하지 않는 남자들, 혹은 '스스로 이해하지 못하는 동기에 따라 움직이는 좀비가 되어버린 남자들'('골프좀비' '돈벌이좀비' '플레이보이좀비' 등등)(H. 골드버그)의 등 뒤로 수많은 여성이 독서 교양 모임을 반복하고 있지만, '감성과 느낌의 연대'만으로는 사회적 체계의 구조와 성분을 탈태奪胎시킬 수 없는 것일까. 17~18세기 프랑스에서는 랑부예(1588~1665), 데팡, 생탕, 샤틀레 부인(1706~1749)처럼 재능 있는 여성들이 '살롱Salon'을 열고 재사와 철학자les philosophes들이 참여하는 진보적 대화의 향연을 주도하면서 계몽주의의 토대를 놓거나 심지어 혁명적 기풍을 진작시키곤 했는데,[4] 우리의 인문연대, 혹은 동무공동체도 체계의 변명이 되거나 아니면 소수의 일탈자로 머물지 않고 미래 사회의 실천적 등불이 될 수 있을까.

한국적 근현대화는 마침내 자본의 지배 아래 민주화의 성취와 기상마저 잠식하는 단계에 이르렀다. 젊은층의 정치적 보수화나 윤석열 현상의 배후에 어른거리는 파시즘적 대중 정치는, 마치 '죽 쒀서 개 준다'고 하는 것처럼 산업화와 민주화의 열매가 헛되게 농익어 어느새 먹을 수 없게 된 상태를 극명하게 증거한다. 앞서 살롱 문화의 시사점을 언급했지만, 정신적 성숙과 자유를 지향하고 실천하는 삶의 양식 속에서라야 안팎으로 경쟁주의와 자기소외를 내면화한 기능인들 Fachmenschen 의 '너머'를 희망할 수 있을 것이다. 이러한 지향과 실천 속에 시대의 역류逆流를 이루면서 '(어떤) 자리를 가리키는 자 das Platzanweisende'로 질기게 남아야 하는 게 곧 철학적 정신이며 인문학적 연대다. 나는 이미 오래전에 산책하는 삶을 '자본제적 삶에 대한 창의적 불화'의 은유로 사용하고, '동무'를 인문연대의 미래 형식으로 구성한 바 있지만, "거부하고 부정하는 게 곧 정신이 지닌 최고의 힘"[5]이라면 나는 이 기획을 생활양식의 닻으로서 가능하게 하려고 한다.

4. 느낌에서 누림으로

인문학적 교양과 비판 정신이 사람들의 관계 속에서 특히 제도적으로 자리 잡아나갈 때 흔히 그것은 '문화적' 외양을 띠곤 한다. 이 문화는 우리의 사회 현실에서 매우 다양하고 애매한 모양과 함의를 품는다. 갤러리, 카페, 박물관, 백화점, 문화센터, 스터디 공간, 스포츠 센터, 사찰과 교회, 공연장, 극장, 한옥 거리, 심지어 재래시장의 한 모퉁이까지 '인문학'을 빙자하며 벤치마킹하는 공간과 장소들은 넘쳐난다. 표피적으로 보아 이 모든 공간에서 팔리거나 획득되는 것은 자본제적 경쟁 체제에서 잠시나마 놓여나는 이완의 느낌이지 않을까. 우선 이를 비판적으로 일별하자면, 이 느낌은 자본제적 삶의 외부에 놓인 것도 아닐뿐더러, 박학博學의 계몽과 합리적 소통·토론과 내적 성숙에 진지하게 박진하려는 애씀에 이르지도 못하고 있는 것으로 보인다. 헤겔이 말한바 예술과 종교를 거쳐 철학에서 완성되는 정신적 인문주의의 길은커녕 그 느낌과 경험마저 상품의 일환으로 재물화再物化되고 있다고 해야 할 듯하다.

이미 종교조차 자본의 시녀가 되고 만 터에, 자본제적 경쟁과 피로의 체계 속에 느낌의 통기通氣를 낸다는 게 작금의 인문학 열풍이라면, 넓게 보아 이 역시 기술이 선도하고 소비가 인준하는 자본제적 체계에 복무하고 있을 법하다. 흔히 도시인들에게 있어 전통적 종교의 역할을 대신 떠맡고 있는 게 예술이라고 하지만,

나는 예술을 통한 인문학적 각성은 그야말로 요원한 일이라고 판단한다. 이 판단의 근저에 놓인 내 전제는, 인간의 지성과 정신은 최종 심급에서 '언어적'이며, 언어성을 통해서만 지속적이고 뚜렷하게 그 명민성 acuity 을 제고·향상시킬 수 있다는 데 있다. 결국 '말이 예리한 것 利口りこう'이 똑똑해가는 징조다. 상론할 자리는 아니므로 간략히 정리하자면, 계몽·교양·정신적 성숙은 근본적으로 글과 말 속에서, 글과 말과 함께, 그리고 글과 말을 향해서 나아가는 법이다. 사진을 찍거나 그림을 그리거나 나무를 조각하거나 집을 짓거나 명상을 하거나 혹은 그 무엇을 일삼든, 만약 그 과정에 글/말이 완전히/거의 배제되어 있다고 하면, 그것들은 어떤 명분과 사후적 비평의 장치를 통하더라도 이미 비철학적, 비인문학적, 심지어 비정신적(!)이라고까지 판단해도 과언은 아니다. 학자에 따라서는 인간의 인격적 통일을 위한 전제로서 '미학적 체험'을 말하기도 하고, '미로써 진리를 연다 美以啓眞'고도 하지만, 이러한 주장들이 이 글의 취지를 뒤집진 못한다. '철학이란 개념의 창조를 통해 존재한다'(들뢰즈)고도 하지만, 글과 기호와 수 數 를 제외한 학문과 계몽과 교양은 원칙적으로 불가능하다.[6] 이런 취지를 곱씹자면 예술을 향유하는 인구만으로 그 사회의 문화적 성숙이나 인문학적 감성, 혹은 교양의 깊이를 가늠하는 것은 적절하지 않다. 내 취미 중 한 가지가 야생화 탐화 探花여서 종종 관련 사이트를 찾곤 하는데, 게시된 야생화 사진 아래에 붙는 댓글이란 게 거의 '앗!' '헐!' '이쁘네요!' 수준에 머물고 있다. 꽃이 제아무리

예뻐도 인간의 언어적 정신과 깊게 만나지 못하는 그것은 아직 아무것도 아니다. 혹은 그저 아무것이다. 가령 '무관심한 (비언어적) 만족감Wohlgefallen ohne Interesse' (칸트)과 같은 미적 체험은 인문학적 교양의 본령이 아니다. 공통 감각sensus communis이든 뭐든, 감각이나 느낌이 자기주장을 펴기 위해서는 언어적 매개가 필수다. 내가 종종 '설명의 영웅주의'라는 개념을 통해 인문학적 감성의 언어적 표현을 강조했던 배경에는 이런 취지가 숨어 있다.

그러므로 느낌만으로는 부족하다. 느낌은 풍경에 되잡힌 채 자아가 들이마시는 위안이거나 시스템의 표피에 전시해놓은 목적 없는 루어lure와 같을 뿐이다.[7] 나는 느낌 대신에 '누림'을 제시한다. 이미 정신적 덫이 되어버린 문화 안팎의 느낌이 아니라, 각자의 삶과 그 삶의 질기고 구체적인 양식 속에서야 발원하는 작고 지속적인 자유의 체험, 그 자유를 향한 체험이 곧 누림이다. 누림은 삶의 기본 단자monad와도 같다. 그 모든 영역과 갈래에서 각각의 구체적인 삶의 체험이 선사하는 최고의 주체적 고양이다. 악惡과 슬픔까지를 충분히 이해하되 그 덫과 그물에 걸리지 않는 지혜로운 감상이다.

"이 우연들을 음미하고 아끼고 추억하세요. 생의 황당무계함을 슬퍼하며 즐겁게 지내세요."[8]

그러나 이 단자적 고양으로서의 누림은 느낌처럼 표피적 풍경에서 발원하지 않고 언어의 매개, 심지어 이론의 두께와 통합된 채 가능해진다. 진정한 누림은 이른바 프티부르주아의 즉물적 대

상 고착이 아니라 그 누림을 가능케 하는 조건과 배경, 그리고 주객의 관계에 열려 있다. 단순한 생각 없음無念, むねん에서 생기는 느낌은 곧 (그 조건과 배경과 관계에 대한) '원통함無念, むねん'을 숨기고 억압한다. 나는 다른 글들을 통해 사랑의 관계가 초기의 열정을 통과하면서 신뢰를 향해 지속적인 생산성을 유지하려면 상대의 '성숙'을 향해서 도움을 주는 식으로 관계를 조절하고 재배치해가야 한다고 주장하곤 했다. 느낌도 이런 식으로, 정신적 성숙과 함께 삶의 전체가 익어가는 중에 재구성되는 감성의 열매인 누림을 지향해야 한다. 말하자면, 누림이란, 고대 그리스에서 내세우고 실천한 총체적인 인간 교육$_{παιδεία}$ 너머에서야 가능해진다.

5. 새로운 주체, 학인으로서의 시민

내가 자주 지나는 천안아산역에 들어서면 그 지근에는 거의 사방으로 위립圍立해 있는 고층 아파트들이 하늘 전체를 막아서듯, 부정적 숭엄함으로 보는 이의 시선과 감성을 압도한다. 하지만 이 기괴한 풍경도 이미 충분히 자연화되어버리고 말았다. 나날이 솟고 솟는 고층 아파트는 우리 일상의 토대가 되었고, 그 아파트의 물질성과 경내境內는 우리 생활세계의 감성을 주조하고 있다. 10여 년을 살던 밀양 인근의 낙동강은 각지의 수많은 고층 아파트 사이를 흘러내리면서 썩어 문드러지고 있다. 개인 소득 3만 달러를 넘어선 지 오래이고, 한국산 휴대폰과 TV, 그리고 자동차들이 세계 구석구석을 누비지만 출산율은 세계 최저이고 자살률은 세계 최고다. 산재율로도 OECD 내에서는 최고 수준이며, 유엔 지속가능발전해법네트워크SDSN에서 제출한 행복지수는 50위권에 머문다.

독일식 근대화나 일본식 근대화가 이룬 놀라운 성과의 이면에 군국주의와 파시즘을 태동시키는 그늘이 도사리고 있었고, 중국식의 급속한 근대화에 따른 갖은 후과를 염려하는 통계들이 빗발치듯, 우리식의 근대화 역시 한편 세계인의 부러움을 사면서도 일상생활에서 체감하고 누리는 삶의 질에서는 놀라울 정도로 지리멸렬한 구석을 지니고 있다. 이러한 삶의 그늘에 일차적으로 책임져야 할 엘리트들은 사회의 구조화된 기득권 카르텔에 스스로 포

섭되어 자신의 권한과 재량을 공익을 위해 사용하는 데 매우 인색하고 무능하다. 게다가 일생을 마치 허들 경주를 하듯 경쟁과 선발의 제도를 거쳐오느라 '정신의 자람'과 '삶의 누림', 그리고 공동체적 어울림의 미덕에 거의 완전히 무지한 상태로 보인다. 학교에서 1~2등을 다투고 시험으로 선발된 게 '변변치 못한 꼴みっともないもの'이라는 것을 언제나 알려나.

> (어머니가 내게 말씀하셨다.) "선생님에게 (성적으로) 칭찬받았다는 것 정도로 특별하다니…… 그 무슨 변변치 못한 꼴이냐."[9]

서구가 극명하게 보여주듯이 사회적 교양이 뿌리깊게 생성되는 길이 과거의 전통에 대한 법고창신, 혹은 창신능전創新能典의 창의적 계승과 이월移越에 있다면, 우리처럼 과거를 완전히 청산한 망각의 터 위에 '변변치 못한' 자본의 건물을 천정부지로 세운 곳에 교양의 숲이 들어설 리 있겠는가. 설혹 정당 정치의 민주화가 더 진전되면서 사민주의적·복지사회적 장치들로 보완되고, 역사적 전과前過에 대한 공론적 합의가 더 안정적으로 이루어지며, 우리 모두의 숙원인 남북관계의 평화적 공존과 번영이 제도적으로 보장된다고 하더라도 여전히 남은 문제는, 일상의 낮은 자리에서 매시간 매번 살아내면서 드러내야만 하는 삶의 질과 사람의 가치에 대한 자기 긍정이다. '혁명을 한다면서 방만 바꾼'[10] 게 아니라 각자의 삶이 들어앉은 방을 분명히 바꾸는 일이다. 이로써 내면의 깊이와 풍성함으로 인해 자생하는 자기 긍정의 삶을 두루 나눌 수 있는 일상의 관계들을 바로 자기 자신의 공부길爲己之學에서부터 조금씩 넓히는 일이다. 어떤 경우에도 팔리지 않는, 강요되지 않는, 떼 지어 몰려다니지 않는 정신의 힘에 의한 작은 연대들 속에서 누림과 나눔의 새 가능성을 읽어내고 실천하는 일이다. 에드워드 사이드의 말처럼, 보편성을 지향하는 아마추어의 정신으로 가장 기술적이며 전문적인 행위의 핵심에까지 미치는 도덕적 판단의 끈을 놓지 않는 일이기도 하다. 그리고 우리 역사에 대한 잘못된 이해와 실천에 따른 시대적 부하負荷, 그 파생상품인 천민자본주의적 무교양에 대해서 "국가가 실패한 자리에 학인 개인이 다르게 개입한다"[11]는 가능성을 구체화시키면서 시민으로서의 학인, 혹은 학인으로서의 시민學民이라는 새로운 주체가 '되는' 일이다.

여자들의 공부론

도서관에 책이 많은 것처럼 지난 10여 년간 내가 공부길을 중심으로 꾸려온 생활세계에는 주부, 엄마들이 많았습니다. 실제 내가 이끌어온 몇몇 공부 모임에서도 여성들의 관심과 열정과 기지機智는 늘 돋보였습니다. 이런 활동을 길게 거치면서 차츰 실감하게 된 것은 전국 방방곡곡에 이런저런 형식의 모임을 통해 수많은 여성이 마치 유행처럼, 혹은 시대의 소명처럼 책을 읽고 대화하면서 자신의 삶을 배려하고 주변의 변화를 모색하고 있다는 사실입니다. 그런가 하면 주부와 엄마들이, 여자들이 공부방으로 몰려드는 사이 '남자들은 다 어디에 있는가?'라는 문제의식은 새삼스럽게 우리 사회를 규제·구성하고 있는 정신문화적 지형을 밝혀주기도 합니다.

대학 바깥에서 인문학 대안학교·공동체 활동을 꾸준히 실천하는 중에 공부하는 주부·엄마들의 세계, 그 고민과 희망, 한계와 전망을 조금씩 나누게 되었습니다. 이 과정을 통해 나 자신부터 주부·엄마들에 대한 소견이나 기대가 차츰 바뀌었고, 게다가 이들이 인문학적 실천과 생활양식의 주체로서 자기 개발과 연대와 사회 변화를 향한 리좀적rhizomatic 활동의 가능성에 눈떠가는 것을 지켜보게 되었습니다. 그리고 혁명이 변명이 되었던 자리에서 다시 영글어가는 생활 정치의 작은 가능성들을 일깨워내는 '자득의 공부길'이 새삼 시대의 화두가 되어야 한다는 데 공감하게 됩니다.

이번 강의에서는 여자들의 공부길에 관한 저간의 역사와 경험, 고민과 성취, 조건과 가능성, 그리고 나 스스로 창안하고 보급하려 했던 구체적인 방법론 등에 관해서 말합니다. 이른바 '조각난 지혜의 숲속에서 찾아가는 자기 구제의 공부길' 말입니다. 이로써 각지에서 각양의 방식으로 자기 삶을 구제하고 이웃과 사회를 밝히려는 엄마, 주부, 여성, 동무, 그리고 학민學民들에게 그들의 실천이 효력을 얻으며 공부 자리의 최종 심급인 '근본적 경험(누림)'이 생기고 자라는 기회가 마련되기를 바랍니다.

1. 춘성무처불비화春城無處不飛花(한굉,『한식寒食』)

엄마, 주부들이라도 가만히 있지 않는다. 생존을 위해 입을 닫고 있던 시절(서양의 중세 마녀재판에 적용된 기율의 한 요령은, '말이 많은 여자', 특히 여럿 앞에서 말이 좋은 여자를 적발하는 것이었다)은 이미 아득한 옛날이다. 이들의 내심은 더 이상 '발각되는 충동 Trieb'의 형식으로 억압당하지 않는다. 욕망이 단 한 줄의 규제선規制線으로만 오다니지 않는 것이다. 이미 일상의 지형 전부를 세세하게 맥동하고 있는 욕망의 실핏줄은 관례와 습속의 망網을 손쉽게 넘나들고 있다.

리비도libido는 이제 재료일 뿐이다. 그 출처나 오염된 명칭id에 의해 성격의 본질이 규정당하지 않는다. '뒤나미스δυναμις'(아리스토텔레스)든, 코나투스(스피노자)든, 단자monad의 능동·수동의 활동성(라이프니츠)이든, '생의 약동Élan vital'(베르그송)이든, 이기적 유전자(도킨스)든, 오메가 포인트를 향한 목적론(테야르 드 샤르댕)이든, 혹은 본능·기질 아니면 그 무엇이든, 이런 식으로 '주어'로 회귀하려는 검색·검찰이 있다면 이는 여전한 가부장적 형이상학의 잔재다. 관건은 도리어 이 재료로써 '바깥'에 나가 무엇(주어가 아닌 술어들)인가를 만들어내려는 여인들의 조용하고도 질긴 행적行績이다. 리비도적 재료, 혹은 사랑의 씨앗은 오직 열매를 통해 자신을 증명하는바, 워낙 여성女性이란 씨앗을 키워 열매를 맺는 일에 오랜 전문성을 지녀오지 않았던가.

리비도적 재료를 승화, 가공, 대체, 번역, 주조해온 게 문명 문화의 기본 제조선製造線인 점은 널리 알려져 있다. 동물적 직접성 im·mediateness, 혹은 최적 적응성을 피해 우회mediatenss와 대체와 유연한 창조적 발아에서 놀라운 결과물을 낳아놓은 게 곧 인간의 세상이다. 여자들은 긴 세월 이런 정신문화적 지형을 조형하는 자리에서 소외되어온 게 사실이지만, 그 직접성의 영지領地에서 이중으로 소외된 탓/덕에 오히려 생활세계의 낮은 자리에서 맺히고 얽혀 있는 이치들과 감성에 정통하게 된다. 사생활의 계선을 타고 정서노동에 익숙해졌으며, 이들의 공동체적·관계 중심적 습성과 태도는 원칙經 대신 꾀權를, 기능적 완벽을 기하는 대신 의사소통적 타협에 능란하게 되었다. 생식生殖이라는 진화론의 대전제를 문명문화적 우회로를 통해 리비도적 분류로, 사랑의 힘으로 승화·번역하고 이를 정감情感으로, 태도로, 말로 옮겨내는 여자들이 있는 곳이라면, 참 그곳은 '어디든 꽃이 날리는無處不飛花' 곳이다. 심지어 죄다 죽이고 부수는 남자들의 전쟁 속에서도 여자들은 새로운 시작을 위한 영도零度를 예비하면서 명랑하게 웃는다.

> 젊은 아가씨들은…… 때와 조금도 다름이 없이 명랑하게 웃음소리를 내면서 금세…… 흩어졌다. 전쟁은 그 어떤 교육에도 불구하고, 또 그 어떤 선전 선동에도 불구하고, 끝내 아가씨들의 세계 내부에까지는 스며들지 못했던 것이다.[1]

그리고/그래서 남자들은 여전히 그들을 이해하지 못한다.

브루크 씨는 (다시) 의아하게 느꼈다. 여자들이란 참 고갈되지 않는 탐구 주제야. 내 나이에 이르러서도 그들의 생각을 도무지 확실하게 예측할 수 없다니!⋯⋯ 여자란 불규칙하게 움직이는 고체의 회전보다 결코 덜 복잡하지 않은 문제로군.[2]

2. 여자들의 몸, 제도를 바꾸기

'진보적 열심'을 지닌 대학이 자본의 도랑溝에 뛰어들어 철모르는 담론을 개발하고 갖은 개념·상품들을 그 제도의 모이로서 유통시키는 짓은, 입만 벌리면 타자를 주워섬기는 이들의 관행과 습속이 얼마나 자기 동일화의 덫에 되먹혀 있는지를 잘 보여준다. 의사나 검사가 하염없이 거룩한 문구들로써 자기소개를 일삼듯, '대학의 업자'(윤노빈)들의 자기소개 역시 결코 '생활'이라는 외부로 나가지 못한다. 아니, 이들은 외려 그 생활을 철저하게 소외시키는 게 진보적 담론의 사명이라도 되는 듯 아무런 맛이 없는 멋을 부리지만, 가령 한 걸음만 대학 '밖'으로 나와 진심으로 공부하려는 (그래서 전국의 골목골목을 누비는) 수많은 여자의 고민과 실태를 살피자면, 제도 속의 지위를 유지하는 데 소용되는 신소비재로서의 담론들은 실은 아무 과녁이 없는 화살이다.

이들 소박한 일상을 살아가는 여자에게는 '양성평등이 단지 여자를 위해 좋은 게 아니라 사회 전체를 위해서 좋다Gender parity is not just good for women. It's good for society'(안젤리카 푸엔테스)는 따위의 소박한 주장마저 신체에 박진하는 절감성을 잃는다. 이들은 그저 기존의 사회적·가정적 관계 속에서 작은 여유와 이해를 구하면서 관용을 틈타고 꾀를 부리는 생활인이며, 이들의 공부란 생활과 함께 그 생활을 위해서 그리고 생활 너머를 힘겹게 엿보려는 노동이다. 무엇보다 이들은 자신의 남편과 아이들을 등에 짊어지고 다니고 있다. 이들의 생활과 그 생활 속에서 근근이 이어지는 공부는, 이들을 유혹하는 대학 안팎의 '담론'과 기이하고도 수상한 대조를 보인다. 긴 세월 내 관찰 속에서 확인되는 이 대조의 무게는 그냥 남편, 그리고 특히 아이들이 갖는 사회적 관습의 무게와 대체로 일치한다. 이 일치의 관습을 털어내고 새로운 삶의 균형을 얻지 못하면 공부는 시작되지 않는다. 신참자들은 공부를 하라면 곧 책을 읽기 시작하는 나쁜(!) 버릇이 있지만, 오히려 선결해야 할 과제는 제 버릇과 거기에 얹혀 있는 몸의 제도를 바꿔보는 일이다. (비유하자면) 독신이 혼인제도를 행권行權의 틈새로 이용하듯이[3] 말이다.

여자들은 사적으로 섬세하고 끈질기게 기동하면서도 언제나 사적 제도에 깊이 얽혀 있어, 사회적 안정화의 토대가 되는 정서적 노동의 세계를 공고히 하는 데 공헌하는 한편 스스로 공적 활로를 찾아나서는 데에 무력하거나 필요한 수완을 얻지 못한다. 혼인이라는 제도로써 묶은 후에 제 일을 한다, 는 인용문의 어떤 취지와 같이 여자들의 공부도 제 생활의 길들을 적절하게 묶고 재배치한 이후에야, 그러니까 제 몸의 제도들을 알맞게 변화시켜내면서야 비로소 제 길을 열 수 있다.

다만 책을 읽는 게 아니라, 새로운 길을 낼 수 있도록 몸의 제도와 버릇을 바꿔낼 수 있어야 한다. 독서는 어쩌면 상처의 기원과 새 윤리의 가능성을 숨기면서 여자들을 온건한 수동화의 제도에 묶어두고, 통상적 삶의 형식habitus과 인식의 형식episteme을 '개

혁'한다는, 여름밤의 반딧불이와 같은 아름다운 한숨을 내쉬게 할 뿐이니 말이다.

3. 여자들의 '누림'

리비도의 우회적 가공과 배분의 전문가이자 사생활의 유려하고 질긴 조율사, 그리고 낮은 자리에 숨어 있는 미학적 대상의 섬세한 완상자玩賞者인 여자들은 결국 가부장적 '땅따먹기 주체'가 아니라 새로운 '누림의 주체'에 박진한다. 삶의 방식의 차이, 혹은 개입의 차이는 곧 매체적 효과를 지니는 법이고, 이 차이의 버릇과 제도를 매개로 새로운 언어가 공급된다면 응당 그 수용자들은 자신의 삶을 대하는 다른 척도나 기준을 얻는다. 나는 이 기준의 생성에 의해 개창되는 틈 속의 체험을 '누림'이라고 불렀다.[4] 가령 지난 어느 글에서는 시작詩作의 시작始作에서 '시詩의 물줄기'를 체감하는 순간을 말하기도 했지만, 어떤 변화한 버릇, 감성, 그리고 이에 조응하는 언어는 매체 구성적으로 생활양식을 조형해내면서 다른 체험의 경계를 선사하게 되는데, 누림의 원천이 바로 이곳이다.

누림은 각자가 선택한 삶의 구체적 양식이 질기게 추구되는 중에 얻어진다는 점에서 주체적이며, '작고 지속적인 자유의 체험'이라는 점에서 실존적이기도 하다. 실존이란 대체로 오직 불안과 자유 사이, 허무와 선택 사이의 왕복운동 속에서 자신을 표현하기 때문이다. 삶의 지향에 관한 주체적 선택이 있고, 이 선택에 따른 생활양식 속에서 정신의 경계를 넓혀나가는 작은 체험들로서의 누림이 있다. '노동 계급의 이해를 대변하면서 대항 헤게모

니를 창출하는 그 접속의 자리에서 활동하는 자'를 '유기적 지식인'(그람시)이라고 했지만, 자유와 정신적 경계의 확장을 위한 공부길 위에서 창의적 불화의 실천이 가능한 일상의 자리를 '유기적'으로 확보하려는 자를 누림의 주체라고 할 수도 있겠다. 혁명가의 이름에 부끄럽지 않은 붉은 로자Rote Rosa는 감옥에서 자신만이 지니고 살아갈 수 있는 어떤 누림을 얘기한다. "아무런 특별한 이유도 없이 기쁨의 환희 안에 사는 것, 이것은 얼마나 기이한지요. 비밀은 삶 바로 그 자체인 것 같습니다."(룩셈부르크)⁵

4. 약자의 공부론

남자와 성인보다 여자와 아이들의 학습능력이 뛰어나다는 보고처럼 워낙 공부란 약자弱者의 것이다. 현실적인 강자들은 정신의 변화에 호소할 가능성이 적어진다. 지금의 풍속이야 선생을 모욕하는 게 다반사인 지경에 이르렀으나, 사실 공부한다는 것은 자신을 약자화하는 의지와 태도에서 출발한다. "……스승이 찾아가서 가르치는 것은 교화되지 않고, 스승을 불러서 배우는 것도 교화되지 않으며, 스스로를 낮추어 찾아가서 가르치는 스승의 말을 듣고 따르지 않고, 스승을 불러서 스승을 낮추는 자도 듣고 따르지 않는다."[6] 그러므로 '공부 자리(경쟁하고 선발되는 세속의 학습 공간이 아니라)에 남자들은 다 어디에 갔는가'라는 문제의식은 실은 그저 자연사적, 진화론적이다. 대학 안의 여학생들이 아니라 그 바깥의 여자들을 사숙私塾을 통해 만나면서 거듭 체감하고 확인한 게 바로 그것이다.

무릇 인간은 절망이며 세속은 어긋남이고, 역사란 아이러니의 힘으로 굴러가곤 하지만 실은 여자들의 공부가 꼭 그렇다. 잘라 말하자면, 여자들의 학습능력이 좋고 공부에 친화적인 태도와 성정을 배양해온 이유는 이들이 긴 세월 약자의 신세, 심지어 노예의 자리에서 생존하면서 눈치와 꾀와 말(솜씨)과 사생활 속의 연대성을 배양하는 데 유다른 솜씨를 길러왔기 때문이다. 나는 50대 초반에 스피드 보트와 경비행기 조종술을 배웠는데, 연하의 오연한 교관들을 겪어내야 하는 훈련생으로서 절감한 것은, 첫째 학습의 효율을 위해서라도 내가 스스로 약자의 위치를 슬기롭게 지켜야 한다는 사실, 둘째 '약자의 꾀'를 부릴 줄 알아야 한다는 점이었다.

자기 변화와 자기 구제의 전망 아래서 배운다는 것은 무엇보다 실용성의 이치를 꿰뚫는 일이다. (이것은 무엇보다 1. 현란한 이론의 자기 복제, 2. 소비 욕망과 문화적 활동의 허무한 대체 시스템, 3. 누릴 수 없는 기술을 향한 현혹 등에 대해서 일정한 거리감을 갖는 생활양식의 견결함을 요구한다.) 남자들에 비해 여자들이 삶의 실제와 그 실용에 천착한다는 점은 익히 알려져 있지만, 실은 삶의 실용성을 체득한 역사적 존재가 바로 여자들이며, 이런 기량은 사회적 약자로서의 오랜 체험에 깊이 연루되어 있다. 복종이 미덕이 되는 자리에서는 반드시 실용성이 꽃피는데, 내가 오랫동안 가꾼 개념 중 하나인 '현복지(현명한 복종과 지배)' 역시 '어울려 일이 되게 하는 실용적 관계'에 관한 고민의 산물이었다. 최적 적응의 상태에 머물러 있는 게 생물학적으로 위험하다는 지적(세이건)이나 삶은 오히려 유약柔弱에 있다人之生也柔弱 其死也堅强(『노자』, 76장)는 말이 있듯이, 강한 상태가 꼭 좋은 것은 아니다. 많은 실용성이 꾀 있는, 현명한 복종의 태도와 관련된다. 그리고 바로 이 실용성의 깊이와 첨단에는 항용 인문학적 감성이 번득인다. 복종의 태도가 지혜롭게 누적된 역사에서부터 '모른다-모른다-모른다'에 이르기까지, 근본에서 조국과 초자아가 없는 여자들은 오히려 자신이 처한 사회적 약자의 신세를 되치기로 엎고 약자적 체험의 침전이 선사한 유연성으로 각자의 공부길을 연다.

5. 여자의 말을 배우기

빈은 합스부르크 제국의 수도 이상의 의미를 가진 도시였다. 빈은 그 제국의 정신이었다…… 최소한 외형만은 18세기 파리에서와 마찬가지로 19세기 빈 문화가 여성화되고 있었다. 안드레아스 살로메는 빈의 지식인들이 그들의 천재성을 여성과의 지속적인 교류에서 얻은 것이라고 언급하고 있다.[7]

The great charm of your sex is its capability of an ardent self-sacrificing affection, ant herein we see its fitness to round and complete the existence of our own.[8]

여자들이 없다면 남자들의 꼴은 어떻게 될까? 가령 해수욕장에서조차 얼굴과 손발을 제외한 여자들의 전신을 가리도록 강제하는 나라에서 남자들은 대체 무슨 꼴을 하고 있을까? 여자들이 출산과 양육, 반복되는 가사家事와 정서 노동, 시장의 좌판과 사원寺院의 앞줄을 담당하고 있을 뿐이라면, 그 여자들을 여전히 지배하고 있는 남자들의 나라는 무슨 꼴을 하고 있을까? 여자들의 질긴 에너지와 실용적 창의성을 힘써 굴착하고 선용하는 대신 그 생물학적 조건과 한계 속에 그들을 묶어두려는 가부장적 텃세꾼의 나라가 새로운 미래의 도전에 제대로 응할 수 있을까? '어느 나라가 후진적일수록 그 나라의 여자들은 선진적'(갤브레이스)이라는 보고는 비교적인 분석일 뿐이지만, 이는 여자들이 생리상·성격상·감성상, 공동체 지향적인 태도상, 가부장들의 표면적 정체停滯에도 불구하고 늘 그 이면에서 실핏줄처럼, 뉴런처럼, 불순한 봄바람처럼 기동하고 있기 때문이다.

계몽과 사회적 교양의 구성이라는 문화적 근대화의 과제에서 가장 변화가 두드러진 것은 물론 여자들이었다.[9] 애초의 변화는 일종의 플랫폼 혹은 무대와 같은 데서 일어났다. 공적·사회적 활동으로부터 소외되어온 여자들은 시대와 여건의 추이와 더불어 곧바로 주전 플레이어로 투입되기보다는, 마치 혈연의 가정과 그 토대를 구성하던 옛 솜씨 그대로 문화적 계발의 산실產室을 구성해내곤 했다. 가령 조선시대에는 여자들의 사회적 지위가 낮고 역할이 제한된 탓에 (고대 그리스에서와 비슷하게) 남자들의 교양 있는 대화 상대가 되지 못했다. 미계몽의 상태이거나 남자들의 권력 표현이 폭력적인 사회일수록 여자들은 대개 생물학적·생존적 필요 단계에 머무는 법이다. 그러나 일부 기생倡/妓들은 예외였는데, 이들이 베푼 장소의 '형식과 관능'[10] 속으로 끼 있고 꾀 있는 문인재사들이 쉼 없이 꼬였다. 이른바 일패一牌에 속하는 기생들은 궁궐이나 유수한 양반가에 불려다니면서 춤과 음악을 베풀고 시서화詩書畫의 파트너가 되기도 했다. 모더니티의 확산에서 여자들의 변화가 도드라졌다면, 이는 특히 신세와 사회적 침투성에서 다른 여자들과 차별화되었던 기생들이 "현대적인 삶의 본질에 근접할 수 있었"던 점에서도 그 사례를 읽을 수 있다. 이들은 넓은 의미에서 '살롱 문화'의 개척자이자 향수자인데, 1920~1930년대 일제

치하에서도 여전했던 인습적 도덕과 관례의 끈을 먼저 끊어내고, "곧이어 유행가 가수와 영화배우가 되고 다방 마담으로 자리를 바꿔 앉으면서 지식인과 문화예술 인사들과 깊숙한 교분을 맺었다".11

여자들의 말과 글이 사회 속으로 진입해 주변 남자들과 더불어 빛나게 한 최초의 장소는 프랑스의 살롱이었다.12 랑부예 후작부인으로까지 소급되는 살롱 문화는 귀족사회와 시민사회가 겹쳐가던 시기에 워낙 '장소 만들기'의 달인인 여자들이 시대의 흐름을 좇아 독서와 대화와 토론 자리를 주선한 것이었다. 전통적인 밀회의 기회, 혹은 (영화에서 종종 볼 수 있듯) 2층 발코니에 시간을 정해 등장(?)하는 여자들과의 희롱의 시대를 넘어, 살롱은 마침내 남녀가 비교적 평등하고 자유롭게 대화하는 문화적 교류의 현장이 되었다. 지위와 재력과 기품과 교양을 두루 갖춘 이 여인들의 아지트는 애초 '여성의 왕국'으로 탄생했으나, 왕정과 기독교의 일극 체제에서 제대로 기氣와 재능과 욕망을 펼칠 수 없었던 많은 문인, 재사, 철학자, 그리고 신사들les honnêtes gens을 불러 모았고, 시대정신의 현장으로 탈바꿈시켰으며, 나아가 프랑스혁명의 교두보 역할까지 해냈다는 평가를 받기도 한다. 장 샤플랭(1595~1674), 드 라로슈푸코 공작(1613~1680), 보쉬에(1627~1704), 마리보(1688~1763), 몽테스키외(1689~1755), 볼테르(1694~1778), 다니엘 베르누이(1700~1782), 데이비드 흄(1711~1776), 장자크 루소(1712~1778), 달랑베르(1717~1783), 엘베시우스(1715~1771) 등은 모두 이런 살롱을 매개로 활동한 당대 최고의 지식인들이다. 18세기 중엽을 넘기면서는 파리에서만 800개 이상의 살롱이 성업 중이었고, 계몽주의 철학자를 자임하는 이들은 2000명을 헤아리게 되었다.

   인문학적 감성은 다른 말을 향한 감성이 서로 겹치고 포개지는 데에서 발원한다. (여자가 제 집을 나가 남자와 겹치고 포개지는 데에서 인류사가 시작된다는 주역 인류학적 해석에서처럼) 만나고, 겹치고, 포개지는 데에서부터 대인접물의 응하기가, 문화가, 장르가, 전문성이, 그리고 초월성의 도약이 시작된다. 나는 늘 '응하기가 전부'라고 했지만, 모든 응하기에는 이미 접하기-포개기-겹치기-섞이기의 미묘한 과정이 전제되어 있다. 감성이 따개비와 같은 고집으로 굳어지지 않으려면 타자를 만나고 섞이고 발효돼야만 한다. 내 말을 고집하는 것은 아무런 인문학이 아니다. 고정불변을 향한 가부장이나 영주의 말은 더 아니다. 일음일양一陰一陽이 앞서거니 뒤서거니 잡거니 놓거니 보채거니 이끌거니 당기거니 밀거니 섞이거니 물러나거니 잊거니 되새기거니 느리거니 빠르거니 꽂거니 빼거니 솟거니 떨어지거니 물거니 뱉거니 올라타거니 미끄러지거니 물 같거니 불 같거니 겹치거니 갈라지거니 짙어가거니 엷어지거니 어울리거니 헤어지거니 포개지거니 어긋나거니 하는 중에 잠시 잠깐 생겼다 사라지곤 하는 '흰 그늘', 혹은 '으늑한 빛'의 계시와 같은 감성의 번득임으로 인해 다시 인문학의 말과 글은 아무도 모르게, 값 없이, 교환되지 않는 독자성 속에서 생성된다. 남자들의 세계는 여자들의 말과 섞이고 포개지는 중에 부드러워지고 누그러지며 으늑해지고 깊어지면서 스스로의 표상체계가 억압했던 다른 말들과 감성을 일깨워낸다. 나는 오래전부터 이런 애씀을 일러 '여자들의 말을 배우기'라고 했다.

6. 자유와 자득과 자중

우선 여자들은 독학자獨學者로서의 자유의지를 배양하면서 그 의지에 견결해야 한다. 학인은 배우자나 자식들의 '너머'를 자신의 생활양식과 그 희망 속에 누적해가는 독신자적 면모를 지녀야 한다. 내 경험에 의하면 공부 자리의 주변을 바장이는 여자들의 태반이 친족관계와 자잘한 일상사에 얽혀 일종의 파쇄된 자아를 붙안은 채 마치 손가락 사이사이로 빠져나가는 사금砂金에 넋이 빠진 듯한 '멍한 상태Eingenommenheit'에 있다. 마음을, 정신을 하나로 모으지 못한다. "내가 아는 사람 중에 온갖 다른 데 마음이 빼앗겨 뭐 하나에도 집중하지 못하는 여자가 하나 있다."[13]

옛말에 군자결어일君子結於一이라고 했지만, 이미 사분오열된 생활과 관계 탓에 의욕은 호기심이 되고 열의는 저항이 되고 대화는 상처가 되곤 한다. 여자들의 삶에 박진하는 투박성being gritty and true-to-life에 유염濡染된 일상을 생산적인 대화로, 합리적인 담론으로, 그리고 현명한 이론의 장 속으로 구제해내기는 어렵다. 공부를 위한 자유롭고 소박한 마음의 길을 찾지 못하고 있는 것이다. 몸은 처지고 생활은 이미 고달픈데, 갖은 욕망은 여전하다.

하지만 독학자적 자유를 얻는 게 곧 마음 둘 곳은 아니며, 대개의 창조력이 자유와 일치한다는 오해를 준별해야 한다. 문제는 어떤 자유인가, 하는 데 있다. 물론 억압은 그 자체로 아무런 답이 아니다. 널리 알려진 대로 가축화된 동물들은 감각기관이 퇴화되는

경향을 보이며 뇌가 작아진다.[14] 어쨌든 출발은 자기 변혁을 향한 야심(?)을 키우고 자유의지를 실현해나갈 현장을 확보하며, 하나의 마음을 얻어 지며리 노력하는 데 있어야 한다. 달리 말하자면, 정한 공부길을 헛힘 쓰지 않고 뚝심 있게 가려면 그러한 보행에 알맞은 몸을 만들고 생활양식을 얻어야만 한다. 책을 읽기 시작하면서 공부를 한다고 믿는다면, 그것은 필경 다다미 위에서 하는 수영 연습畳の上うえの水練에 지나지 않을 것이기 때문이다.

공부길이 길어지면 당연히 자득自得이 관건이고 동인이며, 화두이자 목적이 된다. 자득이란 곧 생명체의 혈류와도 같다. 자득이 자유를 키우는 것은 말할 필요도 없다. (그러나 이때의 자유란 특이하게도 '존재론적'이라는 데에 유의해야 한다.) 요점은 자득의 체험과 함께 자유가 내재화, 주체화하는 데에 있다. 가령 파시즘과 같은 '외부의 새까만 것'이 매섭게 성찰되면 '우리 자신과 우리 세대 내부에 있는 파시즘'(듀이), 혹은 '일상적 파시즘(미시 파시즘)'이 새로운 위기로 떠오른다. 그러나 학인의 자유는 안팎이라는 공간적 은유 속으로 재단되지 않는다. 오히려 자유는 그 자신의 존재가 변화하는 데에 있을 뿐이다. 차츰 마음의 경계를 바꾸는 자득의 체험이 누적되면서 어느새 자유는 주체 그 자체가 된다. '그가 사는 땅이 아름답다'(권경인,「목어자」,『변명은 슬프다』)라거나, '그 사람에 가까이 있는 것보다 더 적절한 공부는 없다學莫便宜於近其人'라거나 혹은 '그가 자유다'(칼릴 지브란,『예언자』)라는 식이다. 어느 좋은 날 그(녀)는 자유를 찾아 나서는 대신 스스로 자유가 되어

대인접물의 소소한 과정에서 이웃과 타자를 자유롭게 한다. 내가 '비평의 숲'이라는 동무들의 유토피아를 반反(非가 아니라)현실적 이념으로 상상할 때 제시한 이른바 '존재론적 비평'이 바로 이것이다. 자유로운 그(녀)의 존재가 사린四隣의 자유를 이끈다.

   이렇게 이윽고 자중심自重心이 생긴다. 그것은 자유와 자득이 겹치는 순간 생성되는 부사적 누림이다. 공부길 속의 보행을 통해서 터득한 나 자신의 가능성에 대한 긍정이다. 이른바 '나보다 큰 나'의 그림자가 곧 내 그림자가 되어 내 앞에 나타나는 순간이다. 다른 글에서 자득이 공득共得이 되는 기제를 얘기했지만, 오직 자중의 덕德에 의해서만 에고의 계교와 결심보다 빠르게 타자를 만나고 이웃을 돕는 지혜와 손길이 나아간다. '나의 자유는 전체에 있기에 자유가 자란다는 것은 전체가 자란다는 것'(함석헌)이라고도 했듯, 자득의 점적漸積은 곧 존재론적 겸허와 함께 중생을 향한 미안함으로 뻗어나간다.

8장
글쓰기의 인문학

글은 인간의 (글) '쓰기'입니다. 애초에 소리를 잡아두기 위한 도구로서의 글(소리글자)쓰기였든 혹은 사태와 사건을 기록하기 위한 문자(뜻글자)였든 상관없지요. 글에는 인간의 무늬人紋가 겹겹이, 층층이 담겨 있습니다. 글은 인간이 전유하는 것 중 가장 정교하고 미려美麗한 도구이지만, 긴 세월의 상호 개입으로 이미 도구 이상이 되어 인간성 속에 마치 선험적 기제인 양 내장built-in되고, 이른바 '글쓰기·인간론'의 지평을 열었습니다. 그래서 글쓰기 안팎에는 인간됨의 조건과 한계, 욕망과 희망, 재능과 기질, 그 과거와 미래를 엿볼 수 있는 단서들이 있지요.

이번 강의에서는 글쓰기를 말하면서 정신적 존재로서의 인간을 드러내고, 그 인간을 말하는 중에 글쓰기라는 형식의 특징을 살핍니다. 중요한 점은 이 특징들의 안팎에 인문학과 철학의 오래된 주제들이 새로운 치장과 변명을 품은 채 드러나고 있다는 사실입니다. 이 때문에 '글쓰기의 인문학'이 성립되고, 이는 이른바 '글쓰면서 공부하라'라는 내 오랜 공부론의 배경이 됩니다. 언어로부터 사상을 연역시키려는 하이데거(1889~1976)식의, 혹은 유영모柳永模(1890~1981)식의 관심[1]에 완전히 동의하진 않지만, 말(하기)과 글(쓰기)로써 인간을 살피고 서로가 얽혀들면서 생성되는 새로운 삶과 정신의 가능성을 톺아내는 것은 당연한 공부의 한 갈래이지요.

'어떻게 하면 글을 잘 쓸 수 있나요?'와 같은 물음을 훨씬 넘어 글은, 글쓰기는 인간론의 정수精髓를 치는 활동이며, 인간 그 자체를 초과하려는 가없는 애씀입니다. 그리고 이 애씀의 동력이 쉼 없이 엮어내는 우회迂回, 대리, 보충, 일탈의 세속적 순례이기도 합니다. 소크라테스나 예수와 같이, 글을 쓰지 않아도 좋아요. 그리고 볼테르(1694~1778)나 조동일처럼 100권의 책을 써도 좋지요. 그러나 글을 쓰는 것이 무엇인지를 깊이 깨닫는 것, 제 정신의 마루에서 다가서는 글쓰기의 풍경을 일람하는 것도 괜찮아요.

1. 복잡성의 글쓰기, 현상을 구제하지 못하는

김애란의 단편 「안녕이라 그랬어」[2]의 매력 중 하나는 헌수와 로버트가 김은미를 중심에 놓고 교차하거나 어긋나는 경계를 가든하게 묘사했다는 데 있다. 신형철은 평문에서 "김은미가 로버트와의 짧은 만남/이별 속에서 심리적 보호를 받으며 헌수와의 긴 만남/이별을 완성하고 있다는 뜻"(같은 책, 309쪽)이라는 해석을 붙였다. 삶의 복잡성을 이루는 이런 종류의 겹침/어긋남은 '어디'에 있는 것일까? 그리고 이런 현실에 조응하는 글쓰기는 어떻게 이 복잡성을 잡아낼 수 있을까?

대체 '무엇'이 복잡한 것일까? 화이트헤드의 이상한 신개념(『과정과 실재』, 1929)의 설명, 혹은 라이프니츠의 형이상학에서 나타나는 전체론적 조화, 혹은 상호적 함입 $_{含入}$[3]에서와 같이 우주의 전체 실재는 그 전체를 항용 더 큰 복잡성으로 이끄는 중층적 반영의 과정일까? 인간의 해석학적 개입 없이도 사태 state of affairs 는 그 자체로 복잡할까, 아니면 의식적 관심과 인식과 해석에 의해서 그렇게 사후적으로 평가되는 것일까? 혹은 주객관 사이의 어느 곳에서 쉼 없이 생성되는, 현재의 인간이 상상할 수 없는 다른 현실일까? 혹은 이 역시 어떤 '문법적 주박'(니체)에 의해 생기고 있는 자기 그림자일 뿐일까. '에이, 복잡해!'라는 말은 어떤 특정한 부문 속에 포착·분석된 현상에 관한 보고[4]일 수도 있지만, 어떤 때는 화자의 관심에 따른 개입과 반응의 효과에 더 가까울 수도 있다. 인간의 의식은 근본적으로 종합하고 평가하는 기능의 활성화를 피할 수 없는데, 서사를 구성하는 인간 정신의 지향이 그러하다.[5] '에이, 복잡해!'라는 불평 혹은 불안은 주어진 현상을 수미일관된 이치와 구성 속으로 정돈하지 못하는 지성의 무능, 혹은 이차적으로 글쓰기의 무능을 토로한다. 그러나 인문학적 글쓰기라면 바로 이곳에서도 여전히 '무능의 (역설적) 급진성', 혹은 부재의 생산성이 색다른 빛을 발한다. 가령 갈릴레오나 뉴턴이나 슈뢰딩거의 방정식들은 이러한 무능을 타파하면서 복잡해 보이는 현상을 단번에 약술略述하고 '구제'한다. 이들은 유능하다. 인문학의 글쓰기는 이런 식으로 현상과 사태를 구제하지 못한다. 아니, 이 (못하는) 무능으로부터 오히려 창의성을 길어올려야만 한다.

만유인력이든 상대성 이론이든 실은 그 배경에는 과학사의 뒤안길로 사라져버린 경합하는 이론들이 있었다. 교과서라는 게 존재하는 체계 속에서는 이 패퇴한 이론들이 들어설 자리가 없다. 여러 제안 중 단 하나가, (뉴턴의 말처럼 '본질'은 아니더라도) 최소한 현상을 구제하는 최종 해결책으로 인준되어 교과서에 실린다. 그러나 '비평에는 교과서가 없다'고도 했지만, 인문학 영역에서 쓰이는 글은 복잡성의 현실을 구제하는 교과서가 아니다. 물론 인문학자들에게는 논문이라는 '사이비' 교과서가 있긴 하다. "논문만이 가장 이상적인 형태의 글쓰기이며, 오직 논문을 통해서만 학문성이 보장된다는 지적 허위의식"[6]에 터한 직업적 글쓰기 말이다. 하지만 우리의 글쓰기 세계에는 교과서가 없다. 최종 해결도 복잡한 현실을 구제하는 방정식도 없다. 쓰는 이들은 각자 자신의 식견과 솜씨로 천지에 미만한 복잡성을 대하고 서사성이라는 종합의 기능 속에 배치·재배치·서술·재서술하지만, 누구도 복잡성의 현실을 단번에 구제하진 못한다. 단 한 번에 미美의 정수를 구제하는 예술작품을, 단 한 줄의 수식으로 실재 전부를 구제하는 진眞의 방정식을 본 적이 있는가? 버지니아 울프는 '직업상의 비밀'이라면서 "소설가의 최고 염원은 가능한 한 무의식적이 되는 것"7이라는 말을 남겼는데, 이것 역시 (인문학적) 글쓰기를 택한 자의 운명은 완결될 수 없고, 그 길의 형식은 무능 혹은 '알면서 모른 체하기'이며, 이 형식의 외부를 찾는 애씀을 통해서만 새로운 창의성이 생성된다는 말에 다름 아니다.

2. 일리의 글쓰기

나는 "삶과 글쓰기가 만나는 정직의 깊이가 복잡성의 철학과 일리의 해석학으로 비교적 적확하게 드러날 수 있다"(『글쓰기』, 169쪽)고 말했다. 일리一理는 무리와 진리 사이, 그러니까 인간이 살아가는 자리를 가리킨다. 무리無理에서 벗어나려는 게 진화 일반의 흐름이자 문명 문화의 지향이지만, 진리 특히 인문학 영역에서 표상·상상되는 진리는 글쓰기 자체의 토양을 고사시키는 콘크리트 토대와 닮았다. 글쓰기가 기본적으로 우회와 재서술이라면, 진리는 일리라는 표현들의 위에 관념적으로 떠오르는 왜상歪像일 가능성이 크다. 인문人紋에 관한 한 글쓰기가 완결되는 순간은 없기 때문이다. 예를 들어 종교적 담론에서 독단dogmas은 '곧 대화의 마개conversation-stopper' 역할을 하게 되는데, 마찬가지로 인문학에서 일리들의 탐색과 재서술적 경합을 막는 것은 곧 진리라는 '글쓰기의 마개writing-stopper'가 된다. 글쓰기에서 진리는 아예 '늙은 창녀'(니체)의 노릇조차 하기 어렵다.

글쓰기는 영도零度도, 종료도 없다. 싯다르타나 예수처럼 글이 아니라 말로 승부하겠다면 할 수 없으되, 일단 글쓰기에 몸을 담근다면 이미 그 몸은 존재론적으로 오염된 것이며, 이 오염은 가령 '재해석과 재서술'의 형식을 띤 채 (영원한!) 미래로 열려 있다. 정신적 존재로서 인간의 본래적 가능성을 폐기하지 않는 한 '글쓰기의 불가능으로서의 무리無理'도 존재할 수 없다. 범죄나 예술이나 종교, 심지어 학계[8] 일부에서 드러나는 무리한 실천의 형식을 좇아 글쓰기를 새롭게(!) 부려본들 필경 지랄知剌의 테크닉일 뿐이다. 이를테면 '원고지'를 찢고 불사른다거나 개똥을 원고지에 묻혀서 '새롭고, 창의적이며, 예술적인 글쓰기' 운운하더라도 그것은 한때의 문화적文禍的 작란作亂일 뿐이다. 글쓰기는 항용 무리와 진리의 경계 지역을 희롱하긴 하지만, 삶의 자리는 늘 일리의 마을이며, 필경 글쓰기도 그 마을을 종횡하는 길들을 오다니게 된다.

3. 우회로서의 글쓰기, 혹은 글쓰기의 인간학

며칠 전 아파트 경내를 걷다가 어느 한 곳에 여러 개의 팻말이 모여 있는 게 눈에 띄었다. 거기에는 '개, 출입 금지!'라고 쓰여 있었다. 순간 나는 직관적으로 어떤 어색한 느낌에 사로잡혔다. 실은 누구나 이해할 수 있는 평범한 게시물이었지만, 내 직관에 얹혀든 기별은 '진실은 우회'라는 벤야민식의 세속적 깨침이었다고 할까. 그 팻말은 '개에게' 출입을 금지시키려는 의도를 내비치고 있지만, 당연히 개에게 '직접' 전달되지 못한다. 그래서 부득이하게 그 의도는 출입이 금지되지도 않은 사람(개 주인)에게 전해져 '우회적으로' 그리고 '수행적遂行的으로', 개(들)에게 그 의도의 효력이 발휘되도록 꾸며진 셈이다.

이와 같은 정황은 예외적이지 않아 보인다. '직접적으로' 전傳/말할 수 없어 '우회적으로', 심지어 갖은 수행적 매개를 거치면서 이루어지는 소통 말이다. 민주주의적 대리제가 그러하고, 종교적 의례儀禮도 메시지가 매체 자체에 적체積滯되어, 대리되거나 우회한다. 예를 들어 기도祈禱라는 불가능한 직접성은 사계의 어휘들과 제도에 의해 안전하게 대리되거나 보충되는 법이다. '번역의 근대'라고 하듯이, 세계화를 향한 문명 문화적 겹침에 의해 가능해진 작금의 일상적 차원은 자국어가 이미/언제나 대리·우회의 네트워크 속에서 메타화된 것이기도 하다. 물론 조선과 일본에서는 "(훈독이라는) 외국어인 중국어를 번역하지(우회하지) 않은 채 그대로 일본어로 읽어내는 터무니없는 방식"[9]이 긴 세월 통용되기도 했다. 아무튼 번역기의 기계적 존재는, 언어적 다양성이 각자의 역사나 특성과 무관하게 환상적으로 동일화되었을 뿐 아니라 그 내면은 쉼 없는 상호 조회와 대리와 우회와 보충의 거울상임을 드러낸다.

　물론 인간의 글쓰기가 바로 그렇다. 실용적이며 직접적인 행동을 향해 진화해온 뇌腦는, 어느 때부터인가 외부적 직접성을 잃고 내부적 상호작용에 더 치중하게 되는데, 이게 바로 이른바 '언어적 의식'(2차적 의식, 에델먼)의 본질적 형식이다. 글쓰기는 이와 같은 인간됨becoming human의 진화 과정에 매우 내밀하게 조응한다. 글쓰기는 행위의 직접성에 최적화된 진화론적 단계를 넘어선 뒤에야 가능해졌고, 그 본질은 간접성, 대체성, 우회성이다. 그러므로 글과 말은 그 근본에서 애초의 행위와 달리 자기 자신에게 되돌아가는 수행성을 피할 수 없는데, 바로 여기서부터 '글쓰기의 인간학'이 성립된다. 말하자면 글쓰기는 인간이 자신을 되돌아보면서 반성하는 재귀적 고유성reflective/recursive uniqueness의 문턱에서 발생한다. 글(쓰기)은 필연적으로 우회한다는 사실, 이것은 사실 인간이라는 블랙홀적 존재가 빛처럼 산란하는 글쓰기의 비상을 쉼 없이 잡아채면서 상호관계를 맺는 방식이기도 하다.

4. 우회로서의 글쓰기(2) 주석과 비평

글쓰기가 근본적으로 우회의 행위라면 넓게 봐서 모든 글쓰기는 비평적이다. 비평이란 제 뜻을 선형적으로 고집하면서 직진하지는 못하는 글쓰기 형식이기 때문이다. 그것은 다른 텍스트(대상)를 통과하거나 기대거나 우회하면서 그 관계에 대한 눈치 보기와 조절 및 조언에 머문다. 비평은 그 취지상 자립하지 못한다. 다른 텍스트에 이미 스스로를 묶었기 때문이다. '셋을 세고서야 말한다數三而說'고 하듯이 비평은, 실은 모든 (말하기가 아닌) 글쓰기는 주저하면서, 기다리면서, 텍스트의 근본적 애매성과 중층적 얽힘 앞에 기겁하면서, 혹은 (수행적으로) '다소 놀라 결정하면서'(연암 박지원) 한 걸음씩 나아간다. 그것은 내가 빚지고 있는 타자들의 존재를 의식하면서 생존하는 방식이다. 마치 신神처럼, '말을 함으로써 비로소 창조하는' 식으로 나아가는 것은 인간의 글쓰기가 아니다. 비평은 제아무리 탁월한 솜씨를 부리더라도 '창조'를 도모하진 못한다. 제아무리 산드러진 비평도 기식寄食한다.

비평은 원칙적으로 주석註釋을 가진다. 아니, 스스로가 주석이 되기도 한다. 자립하지 못하는 절름발이처럼 비평가는 목발을 짚고 다니는 셈이다. 그러나 목발과 같은 '신체의 연장延長'으로서의 매체에는 항용 활인기活人機와 살인기殺人機가 동시에 작동하는 법이며, 쓰기에 따라 달라지는 것은 물론이다. 모든 도구는 신체를 연장·강화하는 데 도움이 되도록 고안되었지만, 그 도구에 익숙해짐에 따라 신체는 도구의 용법에 속박당한다. 관건은 이 묶임 속에서 새로운 창의성과 자유를 찾는 과정을 계발해내는 데 있다. (묶임 속에서 창의성과 자유를 얻어가는 일은 인문학적 소양 및 수행적 자득의 과정과 대동소이하다.)[10] 비평으로서 글쓰기의 요령이 바로 이곳에서 생긴다. 특별한 형식이 없는 글쓰기인 비평에 가장 탁월한 정신이 요구되는 이유도 마찬가지다. 비유하자면, 마상무예馬上武藝가 특별히 정교한 재능과 숙달을 요구하는 이치와 닮았다. 무사는 말에 자신을 묶은 상태에서야 가능한 다른 숙달과 자유의 길을 얻어야 하기 때문이다.

비평은, 그러므로 글쓰기 일반은 겉으로 묶고 속으로 풀어내는 작업, 혹은 달리 말해서 오직 타자를 경유해서만 자신으로 돌아가는 일이다. 이것은 정신의 선험적 구조를 '직접', 계보학적 배경도 없이 전제하는 (소박한!)[11] 칸트와 대조적으로, 오직 타자를 경유해서만 자신으로 회귀해 전체를 통합시킬 수 있는 헤겔식의 형이상학적 구도를 연상시킨다. 이렇게 이해하자면 알레고리라는 문학적 수법은 실은 문학 그 자체를 관통하는 핵심적 이치가 된다. 그리스어인 알레고리아$_{αλληγορία}$는 '다른, 타인' 등의 뜻을 지닌 알로스$_{ἄλλος}$와 '공적으로 발화하다'라는 아고레우에인 $ἀγορεύειν$의 합성어로 대략 '다르게 말하다$_{speak\ otherwise}$'가 된다. 문학적 방식으로서의 알레고리는 결국 특정한 대상을 직접 표현하지 않고 다른 사물을 경유해서 암시적 혹은 상징적으로 이치를 드러내며 띄운다. 이를 동아시아의 문체적 전통에 비기면, 곧이곧대로 드러내지 않고 타물에 기탁하면서 표현하는 비比와 흥興이 된다. "시詩에는 삼의三義가 있는데, 부賦가 그 하나이고 비比와 흥興이 나머지 둘이다. 이른바 비와 흥이란, 사물에 기탁해 정情을 깃들게 함으로써 이루어지는 것이다. 그대로 진술하는 것은 다 말하기는 쉽지만 마음을 감동시키기는 어렵다. 오직 기탁하는 바가 있어서, 형용하고 묘사하며 반복하여 읊음으로써 스스로 깨달을 때까지 기다린다면 말은 다함이 있어도 뜻은 무궁하니……"[12] 예를 들면 김애란의 단편 「입동」[13]에서는 어린 자식의 참척慘慽을 애도하는 젊은 부부의 절절한 심정을, '풀 먹인 셀프 도배지'를 가지고 부부가 함께 도배塗褙하는 장면과 행위를 통해 더 절절하게 배어나게 한다. 지라르는 "사랑에서와 마찬가지로 거래에서도 성공의 비결은 본심을 드러내지 않는 것"[14]이라고 했는데, 이 이치는 소설 혹은 인문학적 글쓰기에서 더욱 그러하다.

5. 우회로서의 글쓰기(3) 생각이 아닌 글쓰기

'생각은 공부가 아니'라고 할 때의 '생각'이란 곧 그 생각의 직접성, 비非우회성을 가리킨다. 가령 어떤 육체적 한계나 고장에 의해 촉발되어 어쩔 수 없이 게워낸 음식은 재활용할 수 없다. 위산에 오염되었기 때문이다. 마찬가지로 자신의 기분과 욕망에 들볶인 채 터져 올라오는 생각은 글로서 유통시키기 민망하다. 마치 소아小兒의 일기처럼 아직 에고에 오염된 상태에 빠져 있는, 그야말로 '생각'이기 때문이다. 생각은 사회적 차원을 거쳐야만 소통의 자재가 되며, 글(쓰기)도 다종다양할 수 있지만 우선 사회적 거름 장치를 통해 보편성, 즉 타자들 사이의 '번역 가능성'을 지향해야 한다. 윤노빈은 벤저민 리 워프 등의 언어상대성 이론을 비판하는 중에, 민족주의적 언어형이상학을 경계하면서 '번역 가능성에 의거한 보편성'의 잣대를 내세운다. "(민족의 사상이) 민족의 언어로 표현되어 아무리 민족적 고유성을 띠고 있다고 해도 궁극적으로는 모든 언어로 번역될 수 있는 보편성을 띠고 있을 때에 그것은 진정으로 그 민족의 세계관이며 사상이라고 평가받을 수 있다."[15]

정신이 타자를 우회하고 경유한 후에 되돌아옴으로써 가능해지는 통합이라는 개념은 헤겔 이후에 널리 원용되고 있지만, 정신의 단자와도 같은 관심이나 생각 역시 타자를 거쳐 스스로를 내적으로 버리는 과정이 있어야만 창의적 자기 변신에 이른다. 특히

나 글쓰기는 실질적이든 잠재적이든 타인의 읽기를 고려해서 구성된 타인 지향적 행위이므로 에고를 마모시키는 동심원적 행위를 정교화한다고 해서 문제가 풀리지는 않는다. 아도르노의 표현을 빌리자면, "누구나 생각 속에서는 자신의 의도에 밀착해 있지만,"[16] 그 의도의 배경이나 구성, 글쓰기를 통해 의도를 드러내는 테크닉, 그리고 의도의 외부를 제대로 챙겨내는 것은 쉽지 않다. '외부의 경험으로서의 글쓰기 L'écriture comme expérience du dehors' (블랑쇼)를 말하기도 하지만, 인간의 정신을 육성하거나 도야하는 방식은 늘 외부(타자)를 우회하는 데에 있다. 자신은 중요한 의미에서 언제나 타인의 음화陰畫가 된다.

6. 챗GPT의 경우

인공지능에 기반한 챗봇인 GPT에서의 쟁점은 여느 인공지능의 경우와 마찬가지로 사물(기계적 합성)이 사람에게 박진하는 정도에 있다. 애초 돌고래나 침팬지에게서 보이는 인간다움의 흔적 touches of humanity에 열광한 사연에는 나름의 이유가 있다. 인간의 정신마저 어떤 몸의 배치 및 활동 패턴과 관련되는데, 사실 내 오랜 지론처럼 이 모든 것은 '응하기'이기 때문이다. 에덜먼에 의하면 진화의 어느 단계에서 인간의 팔이 자유롭게 된 사정은 결국 우회적으로 구문론 syntactics의 출현에 필요한 기저핵-피질의 순환 고리를 마련하게 했다.[17] 그러나 이같이 완만한 진화에 이미 시큰둥해진 우리는 사물의 응하기에서 나타나는 이 정교한 구성과 신속한 응대와 미래주의적 적용력에 다시 열광할 준비가 되어 있다. 뇌 조직과 타자와의 응하기가 관심과 전망의 전부라고 한다면 챗봇 종류의 진화 속에서 적당한 특이점 singularity의 도래를 점치는 것도 과도한 상상은 아닐 듯하다. (그러나 문제는, 정신의 기원이 인간의 뇌가 아니라거나 혹은 인간 정신의 본질이 '자라남'이라면 어쩔 것인가? NDE 연구자들의 주장처럼 "우리가 죽음 이후에도 계속 배우고 영적으로 성장하려고 한다"[18]면 말이다. 심지어(!) "(존재의) 새로운 형태와 새로운 표현들은 영혼이라는 화살의 가장 끝부분, 즉 진화가 쉬지 않고 움직여서 계속 스스로를 초월하려는 곳에서 만들어진다"[19]고 한다면 말이다.) 하지만 인문학적으로 살피자면, 비본래적 삶의 심리적 태도로 하이데거가 지목한 대중적 호기심 Neugierigkeit 은 '특이점'으로 브랜드화한 판도라의 상자를 쉼 없이 열고자 애쓰며, 다른 한편 인간들의 행위를 기술적 관련성의 단자로 묶어 "기술적 결정 인자들에 저항하고 초월할 수 있는 방법"[20]에 무관심해지며 저녁노을 같은 기술적 전망에 하염없이 젖어 순치되도록 조장하는 일방적인 추세를 염려하지 않을 수 없다.

물론 자연어 처리 기능이나 대화 관리 기능, 자기 학습 기능, 그리고 사용자가 제기하는 물음에 맞춤형 응답으로 개인화된 체험을 제공하는 기능 등등은 전례 없는 인간주의적 환상을 만들어낸다. 인간과 깊이 겹치거나 심지어 인간을 초과하는 존재의 탄생에 관한 환상 말이다. 게다가 당장 구체화되고 있는 챗봇 글쓰기의 현실은, '글을 쓰는 것은 (공들여) 따로 배워야 한다'(니체)는 전래의 인문학적 전제를 송두리째 무너뜨리고 있는 것처럼 보인다. "문자는 이성적 필요에 따라 사회화 과정을 밟는 단계에서 생긴다"[21]고 했지만, 이제는 사회화(타자화)라는 우회 과정이 필요 없어지고 간단한 기계적 변환과 조작만으로 다양한 사회적 수요에 적합한 글쓰기 제품이 생산된다. 일찍이 바르트가 지적했듯, '제도로서의 저자는 죽었고', "저자는 그 위상을 빼앗긴 채 더 이상 그의 작품 위에 그 무서운 아버지됨을 행사하지 못한다".[22]

그러나 챗봇이 시사하는 기계적 특이점이 인간의 의식(정신)을 향해 박진한다고 믿는다면 그것은 '정확한 단견'일 뿐이다. 이는 결국 알고리즘이 인간의 뇌를 닮아간다는 뜻인데, 물론 이 문제에 관한 한 아직은 모두가 믿을 만한 정답이 없지만, 특정한 알고리즘에 근거한 AI가 인간 의식에 박진한다는 주장에는 최소한 두 가지 난점이 존재한다. 하나는 느낌feeling의 문제이며 다른 하나는 판단judgement에 관한 것이다. 의식과 느낌의 관계에 관한 연구에서 최첨단의 성과와 명성을 얻고 있는 안토니오 다마지오에 의하면, 인간의 마음(의식)이 생성되려면 우선 느낌이 존재하고 이를 통할하는 주체, 혹은 조회망reference network이 확인되어야만 한다.[23] 느낌은 의식이 출현하기 위한 시발점(Damasio, 110)이다. 자세한 논변 없이도 짐작할 수 있듯이 느낌은 이미 운용 방식 자체가 '생체항상적homeostatic'이다. 가령 뜨거운 물을 마시거나 지반이 흔들리거나 음악을 듣거나 하는 체험 속의 느낌, 혹은 문체文體가 변경되는 느낌까지 죄다 즉각적으로 항상성에 호소한다. 그런데 이것은 결국 유기체적 피부를 지닌 '몸'을 필요로 하고,[24] 이는 피부에 본질적인 일종의 자발적 취약성vulnerability을 요구하는 셈이 된다. 다마지오는 AI를 장착한 로봇을 상대해서 논급하고 있지만 AI 일반에 관해서도 이 피부의 문제는 여전한 쟁점이 될 수 있다. 사람은 피부라는 유연하고 연약한 인터페이스를 매개로 외계와 접촉하고 개입하면서 느낌이라는 생체항상성의 조율활동을 통해 이윽고 의식의 생성(혹은 '수신')에 이르게 된 정신적 존재다. 이는 글쓰기에서도 유의해야 할 사항이다. 이미 챗봇 글쓰기의 현실과 전망에 경탄하고 있긴 하지만, 글쓰기 역시, 내가 '손가락과 글쓰기의 관련성'을 논구한 적[25] 있듯이 피부라는 유연하고 연약한 인터페이스를 통한 문필적 영감을 무시할 수 없다.

 판단력判斷力은 이미 그 자체로 보편적 잣대를 요구하는 활동이다. 가르고 쪼개려면 그 기준이 선재해야 하기 때문이다. 아렌트의 유작이 된『정신의 삶』의 3부는 '판단judgements'에 관한 논의인데, 이 역시 칸트의 전통을 따라서 기준(보편성)과 경험적 사태(특수성)를 잇는 정신의 능력과 한계를 말하고 있다. 칸트에게도 그것이 반성적das bestimmende 이든 혹은 규정적das reflektierende 이든 보편성을 지향하는 점은 일치한다. 펜로즈에 따르면, 판단 형성judge-ment-forming 은 의식의 보증 마크와 같은 것으로서 알고리즘에 의한 AI가 컴퓨터를 매개로 프로그램할 수 없는 의식의 고유한 특성이다.²⁶ "실은 알고리즘은 그 자체로서는 결코 진리를 확정하지 못한다. 알고리즘을 통해 진리를 생산하는 것만큼이나 거짓을 생산하는 일도 쉽다. 알고리즘 자체의 정당성을 결정하기 위해서는 외적 직관이 필요하다. 내가 여기서 주장하려는 것은, 적당한 여건 속에서 진위와 미추를 분별하고 직관하는 능력은 의식의 표징이라는 사실이다."²⁷

7. 글쓰기의 물신, 그 육체와 장소감

카뮈가 꿈꾸었(다고 해석되)던 '백색의 글쓰기ecriture blanche'와 같은 것은 없다. 중립적·비정서적이며 그 모든 기호의 부재를 지향하는 글쓰기의 영도零度는 환상이다. 인간과 인간사가 순진할 수 없는 것처럼 글쓰기의 순진성innocence은 늘 작위作僞다. 복잡한 인간사 속을 살아가는 우리가 글쓰기라는 우회로를 통해 자신의 일리一理들을 얻어나갈 때 그 이치에 묻어나는 것은 우리 자신의 육체 그리고 육체의 기억이다. 인류는, 우리는 점점 자신의 육체를 잊어가는 방향으로 진화하고 발전해왔다. 노르베르트 엘리아스(1897~1990)는 문명화 과정을 해명하는 중에 이 사실을 다양하게 예증한 바 있다. 다시 거론하진 않겠지만, 우리 뇌의 작동 방식도 마치 문명화 과정처럼 '내향적 정교화involution'(클리퍼드 기어츠)로 기울어져 육체와 외계의 직접적인 접촉에서 멀어져왔다. 우리의 생활세계가 문화화됨에 따라 우리 육체는 대개 자연적 타자로부터 소외되는 경로를 거쳐왔다. 다른 한편, 마치 과도한 문화화의 여건이 자연을 재소환하듯이 우리 도시인들의 육체 역시 재소환되고, 상업적 관심의 대상이 되며, 심지어 건강의 여신이 지배하는 시대에 새로운 물신物神이 되기도 한다. 글쓰기도 실은 비슷한 경로를 거친다. 종교사와 정치사에서 특히 잘 드러나는 것이지만, 원래 글(쓰기)은 긴 세월 권력의 도구이자 매개로 이용되었다. 혁명가인 루터의 출판 캠페인이나 허균의 (한글본)『홍길동전』등이 극명하게 보여주듯이, 권력의 판도가 전체적으로 뒤바뀌는 일은 글쓰기의 변화를 물고 들어가기도 한다. 그러므로 근대의 개인주의가 소설과 자서전이라는 글쓰기 형식을 불러들이는 것은 매우 자연스럽다. 마침내 글쓰기의 지평에 육체성이 전면적으로 나타나는 셈이다. "자서전은 18세기 말에는 가장 비중 있는 문학 장르에 속하게 되었다…… 자기 자신, 부모, 유년 시절, 학교, 그리고 각각에 해당하는 감정과 느낌들을 다루어본 작가들은 자신에 대한 믿음과 자의식을 얻을 수 있었다…… 자서전 텍스트들은 시민 해방에 대한 증언만 하는 것이 아니라 시민들이 해방되는 과정 자체에 대한 표현이라고 할 수 있다."[28]

인간 개인의 글쓰기는 육체성을 품는다. 자신만의 고유한 생활 감성에서 우러나와 꽃피는 글쓰기라면 그것은 반드시 문文-체體를 갖는다. 이 문체는 사실 글을 통해 드러난 필자의 육체이기도 하다. 그 육체가 가없는 세월 동안 외계와 조응하면서 이루어낸 자신의 뇌, 그리고 그 육체의 일부로서 집약적으로 사용되고 있는 손가락, 그리고 블랑쇼가 그$_{le}$라고 부르고 하이데거가 존재$_{das\ Sein}$라고 부르고 나 역시 '3'이라고 부른 미지의 자신이 합작하고 복합되면서 좋은 글(쓰기)은 이루어진다. 글쓰기는 단순히 기호적 조작이거나 알고리즘의 약속이 아니다. 그곳에는 삶의 형식이, 고통과 수난이, 상처와 희망이, 그리고 생생한 육체의 기억이 스며들어 있다. 인간의 실존이 늘 정신을 매개로 자기 초월의 풍격을 유지할 수 있는 것처럼, 가령 '날카로운 첫 키스의 추억'(한용운)이라는 말에는 여전한 육체적 끌림이 있다.

마찬가지로 글쓰기에는 장소, 장소감placeness이 마치 아우라처럼 드러난다. 그것은 글쓴이가 살아가는 장소를 웅숭깊게 만드는, '아무리 가까이 있어도 멀게 느껴지는'(벤야민) 정신의 흔적이기도 하다. 노예라면 장소가 없는 인간이며, 노예라면 글은 그 처지로 인해 불가능하거나 당연히 옹색해진다. 사람은 자신의 장소, 그리고 스스로 만들어가는 장소감으로 인해 자유로워지기 때문이다. 프랑스혁명에 대한 헤겔의 해석('계몽주의의 필연적인 결말은 혁명의 폭력이다')이 시사하듯 사람의 자유는 오직 정신의 자람을 통해서만 진정한 열매를 볼 수 있다. 우리에게는 공동의 노동과 평화가 있을 뿐 공동의 자유는 존재하지 않는다. 그(녀)는 자신만의 고유한 장소(감) 속에서야 비로소 자유로워진다. 사람은 자신의 장소를 만들고, 쓰는 이는 글쓰기를 통해 그 장소감을 (더러 자신조차 모르게) 드러낸다. 글쓰기는 사람이 이윽고 도달한 장소(감)의 표현이라고 해도 좋다.

9장
사상이란 무엇인가:
빚진 정신의 감사와 마음의 길

인류의 보편적 사상들은 정신적 존재인 인간이 이룬 내적 성취의 정화입니다. 사상은 자동차나 로봇 청소기처럼 인간의 생활에 영향을 끼치는 모습을 직접 확인하긴 어려워도, 여러 문명 문화의 길을 내고, 성격을 규정하며, 그 한계와 조건을 드러내는 지남이자 이정표가 됩니다. '사람이 빵으로만 살 게 아니요 하나님의 말씀으로 산다'(「마태복음」 4:4)고도 했지만, 사실 (서양) 사상이란 '하나님의 말씀'을 비종교화(본회퍼)해 세속의 그늘 아래 변용한 것이라고 해도 좋지요.

이번 강의에서는 '사상이란 무엇인가'라는 물음에 답하려고 합니다. 당연히 사상의 형성과 성격, 효능과 가치는 다양하게 해석됩니다. 경험과 선험, 초월신과 역사, 일一과 다多, 혹은 삶과 죽음의 대비를 통해 갈라지기도 하고, '정신은 자란다'라는 정신진화론적 궤선을 따라 숙성되고 발효되는 과정을 드러낼 수도 있으며, 혹은 내가 즐겨 사용하는 개념인 '마음의 길'이나 '빚진 자의 정신적 감사의 방식' 등으로 해명해볼 수도 있습니다.

인간사는 유물론적으로, 자본주의적으로, 기술주의적으로만 구성되거나 진보하지 않습니다. '한 사회의 정신문화적 배경에 신화가 있다'(니체)면, 사상은 그 정신문화의 규제 이념이나 추동력이 됩니다. 사회의 성격과 지향, 가치와 품격은 그 사회 구성원들이 이해하고 참여하고 나누고 향수하는 사상의 유무와 높낮이에 달려 있습니다. '생각하는 백성이라야 산다'(함석헌)고 했듯이, 아무 이념과 사상 없이 살아가는 개인이란 느린 나무늘보나 빠른 로

붓과 무슨 차이가 있습니까.

1. 사상은 심리적 변덕과 역사적 요동을 뚫어내고 '길게' 발효와 숙성을 계속해온 정신 진화의 산물이다

사상思想은 기성품으로 시장에 출시되지 않는다. 인간사 자체가 그렇게 구성되지 않는다. 사상이 사상가 혹은 지식인이라 불리는 이들의 전매품이 된 것도 그리 오래된 일은 아니다. 특히 대학교수라는 직업이 사회적 권위와 정신문화적 생산성을 얻는 중에 특정한 생각의 다발이 한 꿰미로 묶여 '사상'이란 이름 아래 정형화되곤 한다. 심지어 각 사상에는 이름표가 붙고, 저자가 지정되고, 운이 좋으면 행성 같은 추종자들이 생기기도 한다. 그래서 '감성의 분할le Partage du Sensible'은 랑시에르의 것이고, '모방욕망Désir mimétvique'은 지라르의 것, 그리고 역사본체론歷史本體論은 리쩌허우의 것이 된다. 그러나 인간의 생각이 작동하는 방식을 가만히 살펴보면 그처럼 간단히 '분리·지배divide et empera'할 수 있는 것이 아니다.

우선 사상에는 맥락과 역사가 있다. 그 계보나 침전의 시간성이 없는 것은 사상이 아니라, (아직은 공부가 아닌) '생각'이다. 이는 비유하자면 산숲으로부터 다양한 지천이 흘러들어 마침내 강을 이루고, 이윽고 강들조차 하나의 바닷속으로 합류하는 이치와 같다. 그래서 사상사의 공부는 맥락이 거쳐온 이력을 놓치지 않는 게 중요하다. 하이데거를 비롯한 사상사가들이 입을 모아 주장하는 것은, 새로운 사상의 창안은 이미 흔해빠진 말처럼 타자와 외부성에 착안하는 게 능사가 아니라 오히려 자신이 속한 전통에 견결하게 뿌리내리는 일이며, 그 전통의 가능성을 힘껏 뚫어보는 일이다. 말하자면 법고法古의 텃밭에서라야만 창신創新의 묘맥이 생긴다는 사실을 깨닫는 일이다. 이것은 이해Verstehen를, 역사적 존재로서의 인간 정신이 그 역사에 참여하는 것이라고 정의한 가다머의 사유를 연상시킨다. 우리 일상에 범람하는 실로 많은 생각은 에고의 요동이자 변덕에 불과하다. 사상은 생각과 함께mit 시작되지만 온전히 생각으로부터aus 유래하는 것은 아니다. 사상은 심리적 변덕과 역사적 요동을 뚫어내고 '길게'[1] 발효와 성숙을 계속해온 정신 진화의 산물이다. 이것 역시 융이나 여타의 종교 지혜들이 말하는 것처럼, '천로역정'을 거치면서 '주체화Individuation'의 길에 나서는 자기 변용self-transformation의 노동과 닮았다.

2. 모든 사상은 빚진 자의 감사感謝가 된다

사상이 역사적 변용과 그 곡절의 노동이라면 모든 사상가는 필연적으로 빚진 자가 된다. 도시의 개인주의적 문명화에 따라 자존심과 허영에 들떠 살아가는 현대인은 특히 정신의 빚을 인정하는 게 어려워진 존재다. 누구의 말처럼 눈을 부라리면서 '사소한 자아의 문제the trivial problem of ego'에 목숨을 건다. 흔히 돈(거래)으로써 마음을 읽는다고 하지만 실은 정신적 거래의 실태만큼 한 사람의 깜냥과 인끔人-을 잘 드러내는 곳도 없다. 고은은 자전에서 '나는 남의 영향을 싫어한다'는 투로 말했지만, 이는 불가능한 말이고 또한 불성실한 태도다. 우리는 피할 수 없이 서로의 영향 속에서 살아간다. 가다머의 말처럼 인간 존재는 '영향사적 의식wirkungs-geschichtliches Bewußtsein'이며, 영향은 삶의 보편적인 토대다. 마찬가지로 '인간은 너를 통해서야 비로소 내가 된다'.[2] (예를 들어 자기 아버지를 욕하면서 그를 고소하는 아들의 결기는 그 아버지로부터 물려받은 것이며, 선배를 비판하면서 자기 입지를 굳히려는 후배의 책략은 곧 그들 세계의 공동 유산에 지나지 않는다.) 하이데거 이후 여럿이 인간 존재의 본질적 특성으로 여긴 이해Verstehen도 생활의 안팎과 전후의 영향들이 교차하는 지점에서 생기는 마음의 햇살과 같다고 할 수 있다. 물론 교차되고 겹치는 곳을 살피는 일은 '2+2=4'와 같은 등식과는 다른 번거롭고 섬세한 노동을 요구한다. 그래서 김애란의 흥미로운 표현처럼, "'이해'는 품이 드는 일이라, 자리에 누울

땐 벗는 모자"[3]인 것인지도 모른다.

사상이 빚진 자의 것이라면 그것은 과거를 길고 무겁게 기억하는 자의 창의적 개입에 의해 생성된다. 그는 후생後生이라는 이유로 (하이데거의 지론과는 달리) 대개 생각denken 할 뿐 감사danken 하지는 않겠지만, 과거를 기억하는 그 생각이 자신을 포함한 세상의 미래를 향할 때 곧 감사가 된다. 그래서 사상이 형성되는 형식은 원리상 법고창신法古創新이다. 모든 게 다른 모든 것에 얽혀 서로 의지하고 있다는 사실을 기억하는 것은, 유물론적 기술주의와 자본주의에 순치된 채 살아가는 우리 삶을 근본적으로 변혁시키는 가능성의 씨앗이긴 하다. 그러나 이러한 형이상학이 나날의 인식을 바꾸고, 우리 행위를 재조정하는 윤리로 구체화되는 데에는 또 다른 형식의 노동이 필요하다.

(청소년의 객담이 아니라 노인의 회고담처럼) 긴 생각은 자연스레 성찰로, 감사로 이어진다. 이것은 사실 '정신은 자란다'라는 내 지론과 깊이 결부된 결론이다. 물론 그 계기의 하나는 양자적 상호연관성quantum interconnectedness과 동기감응同氣感應과 텔레파시에서부터 평상시의 모방적 활동에 이르기까지, 요컨대 사소한 물건 하나에서부터 고도의 정신력에까지 닿아 있는 존재론적 불이不二의 현실이다. 인연생기因緣生起라는 불교적 깨침이 아니더라도 내남이 얽혀서 상호 영향의 빛과 그늘 아래 존재하고 있는 근본 현실을 익힌다면, 깊고 긴 생각과 감사 역시 서로 이어진다. 달리 설명하자면, '긴 생각'은 이미 그 자체로 자기성찰과 순화純化의 과정이

므로 정신이 자라가게 되어 있는 인간으로서는 이 과정을 거치면서 자연스럽게 고집과 원망으로부터 서서히 자라나올 가능성이 적지 않다. 긴 세월의 풍화와 침전이 대개 현실적인 진실을 드러내는 법이며, 그 숙려와 비움의 과정을 통해 인간의 정신 자체도 순화 혹은 성화聖化의 길을 밟기 때문이다. 거꾸로 돌려 말하자면, 우리에게 알려진 인류 보편의 사상으로서 남과 세상을 원망하고 부정하고 타매하고 기롱하는 식으로 짜인 것은 없다. 키르케고르의 말처럼 타인을 풍자하고 냉소하는 아이러니는 사사로운 자유의 형식일지언정 사상에 이르지는 못한다. 내면의 성찰과 정화의 긴 과정을 거친 후에도 이런 종류의 부정적인 내용을 그 열매로서 남기는 경우는 없기 때문이다.

3. 사상은 마음의 길을 낸다

클래런스 C. 브린턴은 과학이 급속한 누적의 결과라면 철학과 예술은 느린 누적에 의한 생산물이라고 했다.[4] "그리스인을 몰랐다면 우리 자신도 알 수 없다"고 주장하듯 그가 지목한 사상의 원천은 응당 고대 그리스인데, 그 주제는 '존재와 생성, 하나와 다수, 정신과 육체, 영혼과 물질' 등등이다. 이러한 주제들은 철학과 인문학 고유의 문제의식을 집약한다. 이 같은 문제의식은 과학에서와 달리 인간 주체의 '개입'이 상당하다. 주체의 (능동적) 개입은 칸트의 주관적 연역 Subjektive Deduktion 처럼 경험의 보편성을 확립하려는 선험적 구성의 의미도 가질 수 있지만, 대체로 경험에 대한 상이하고 자의적인 해석의 창구가 되기도 한다. 따라서 이 개입의 사실은 이런 주제들을 이른바 '애매한 텍스트'[5]로 만들어 그 구성과 쓸모의 이해를 어렵게 한다.

가다머는 이해 Verstehen 와 적용 Anwendung 을 한 꿰미로 엮기도 했지만, 나는 사상의 주된 쓸모는 '마음의 길을 내는 일'이라고 설명해왔다. 마음의 길이기에 이는 실로 길 없는 길인 셈이다. 그러나 종교적·인문학적으로 말해서 인간이란, 곧 '길 없는 마음의 길을 내는 자'에 다름 아니다. 사상이란 기본적으로 개념들의 건축술이므로, 요령은 개념과 이론과 사상이 마음의 지도를 그리는 방식에 집중된다. 그러나 마음에, 그 아득하고 묘연한 마음자리에 길을 내고 지도를 그린다는 것은 무엇이며, 대체 그게 가능하기나 할까. 지근지례로서 우선 '버릇'을 생각해보자. 버릇은 '어디'에 있기에 반복되는 것일까. 대개 버릇과 같은 것은 인지보다 빠르게 작동하므로 무의식적이라거나 신체적이라거나 혹은 그 기반을 뇌의 시냅스 연결망에 두곤 한다. 당연히 이러한 기제들은 죄다 반복을 통해 생긴 침전의 효과다. 이 침전은 패턴으로 드러나는데, 이 패턴들을 변별하고 분석함으로써 그 이치의 함의와 함께 역사성을 읽을 수 있다. 나무꾼의 짚신 자국이 어느새 숲의 자드락길을 만들어내듯이 반복되는 행동의 자국들이 적전積澱되어 언젠가는 타인들의 눈에 띄는 형성물로 변하는 법이다. 새로운 버릇은 반복을 통해서 무의식에, 몸에, 혹은 시냅스 연결망에 특정한 자극에 대한 일정한 반응의 패턴을 만들어놓은 것으로서, 결국은 인간의 내면 지형을 바꾼다. 대양과 같은 우리 마음의 자리에서도 이 같은 일들이 생긴다. 인간의 행태는 본능과 충동의 길에서 벗어나면서 밖에서 헤아리기 어려워졌지만, 그 마음조차 생명과 존재의 이치에 순응할 수밖에 없기에 항상성과 자기 조직성의 쉼 없는 운동 속에서 경계와 길을 만들어낸다.

마음속에 푯말을 세우거나 길을 표시할 수는 없지만, 개념과 이론과 사상이 그런 역할을 할 수 있게 되는 것에 선험적 기제를 설정할 필요는 없다. 내 판단에 이것은 인간의 의식이 '언어적 의식'(에덜먼)이기 때문이며, 이로써 의식이 안팎의 여러 여건과 상호작용하는 가운데 그 성취를 역시 안팎에 '알아볼 수 있도록' 남긴다. 밖으로 남긴 게 문명 문화적 외화外化이며, 안으로 남긴 게 곧 마음의 길이다. 다른 글에서 길게 논급하기도 했지만 인간은 우선 '표현적 존재'인데, 말할 나위 없이 인간의 언어는 표현의 측면에서 추종을 불허할 만치 정교하고 풍성한 도구다. 이른바 '의식의 지향성과 능동성'은 모든 관념적 창의성의 출발점이고, 이 능동성의 행위가 반복되는 가운데 표현의 결과는 흔적이 집적된 점·선·길을 만들어놓는다. 예컨대 인간 개인들에게 고유한 표현으로서의 표정이 바로 그러하다.[6] 인간의 얼굴은 언어표현적 의식을 매개로 삶의 여러 곡절을 거치는 중에 '표정'이라는 지도(?)를 그려놓게 된다. 얼굴은 눈에 보이고 마음은 그렇지 않긴 하지만, 의식·의지의 능동성이 그 지향과 관심과 실천의 흔적을 남기는 일은 마음의 경우에도 마찬가지다. '반복은 학습의 어머니Repetitio est mater studiorum'라고 하지만, 무엇이든 반복의 실천과 인연은 그 이력의 겹침을 반드시 흔적으로 남기는데, 이 흔적의 자리들을 지도로 읽어내는 인간의 정신력이야 오히려 당연해 보인다.

4. 사상의 실제, 두 가지 유형

서양 사상의 형성은 대개 경험론과 합리론의 두 계선을 타고 이루어진다고 입을 모은다. 나는 이를 신神과 수數로 대별해서 해명한 바 있다.7 신의 궁극적 자의성(섭리)을 경험론의 원천으로, 수의 추상적 정합성을 합리론의 배경으로 삼아 해설했다. 그러나 '신이 가능한 최선의 것이 아닌 세계를 만들 리가 없다Gott hätte keine Welt geschaffen, wenn sie nicht unter allen möglichen die beste wäre'8는 말처럼, 기독교적 전통에서는 신성 자체가 존재론적 합리주의의 근거가 되기도 한다. 그러므로 중세 1000년을 거친 이후의 서양 사상은 거개가 신학적 세계관과 길항하거나 혹은 그 아우라를 지닌다. 한때 '교회 밖에는 구원이 없다extra ecclasiam nulla salus'고도 했지만, 실은 플라톤의 형이상학과 기독교의 신학에서 완전히 독립된 서양 사상을 찾아보기는 쉽지 않다. 한편 아는 대로 경험론의 전통에서는 모든 지식의 출처를 감각적 경험에 둔다. 존 로크(『인간 오성론』)의 지론처럼 '인간의 지식은 그의 경험을 넘어서지 못한다No man's knowledge here can go beyond his experience'.

칸트를 포함한 독일 고전 관념론의 기원 혹은 그 중요한 배경의 한 축은, 영국의 산업혁명도 프랑스의 정치혁명도 갖지 못했던 후진국 독일의 정치경제적 상황에 두는 게 일반적이다. 칸트가 거쳤던 프로이센 왕국의 프리드리히 2세 시대(1740~1786)에도 위로부터의 강압적 개발독재, 부패한 관료 체제, 그리고 미약한 부르주아 계층 탓에 "귀족과 관료가 통치권을 장악하게 됨에 따라 주류에서 밀려난 시민계층이 민주화 투쟁보다 관념론과 고전 예술이라는 전혀 다른 체계를 구축한 것"9이다.10 칸트 사상에 대한 일반적인 소견으로는 영국의 경험론과 대륙의 합리론을 종합한 것이라고 하지만 이는 그 내용 면을 개략한 것이며, 평화론이나 법사상 등에도 관심이 깊었던 칸트의 정치사회적 관심을 빼고 이해하기란 어렵다. 당시 부르주아 시민계층의 동조를 얻을 수 없었던 독일의 지식인과 예술가들은 특히 프랑스의 혁명적 정국에 깊이 감명받아 '감히 알려고 하라 aude sapere' (칸트)고 외치면서도 프랑스의 전투적·유물론적 지식인들과는 달리 개량주의적이며 보신적 우회의 길을 택한다. 인간사 일반이 다양한 '어긋남의 유산'11이기도 하지만, 사상의 기원과 그 형성은 종종 엉뚱한 궁지의 혜택을 입는다. "이 열악한 환경으로 인해 (독일) 철학자들은 스스로를 서재에 가둔 채 행동이 아닌 사유로써 정신적 자유를 누리려 했고, 심원한 사변(철학)과 격정(시와 음악) 안에서 현실에서는 다다를 수 없는 고도의 정신적 수준에 도달하려 했다."12 안타깝게도 이들 독일 지식인의 지적 몸부림은 마침내 '살아 있는 언어(독일어)를 사용하는 민족의 사상은 그 생활 속으로 파고든다'(피히테)는 식으로, 사상을 자국의 언어로부터 연역하려는 시도에까지 이른다.

서양 사상이 신적 속성의 양가성에서 출발해 합리주의와 경험론을 거치면서 근대 과학의 흐름과 합류하던 중에 '유물론'에까지 이르렀지만, 중국을 동심원으로 삼은 동아시아 사상은 그 출처와 배경이 매우 다르다. 칸트를 거쳐 헤겔(1776~1831), 그리고 니체 (1844~1900)를 통과하는 사이에도 초월신이라는 최고 범주, 혹은 사유의 규제적 이념에서 풀려날 수 없는 서양 사상이지만, 동아시아 사상은 신의 자리에 역사가 놓인다. 경험과 합리로 구성된 사상계의 저편에는 역사라는 가없는 흐름과 쌓임의 지평, 곧 현세적 삶의 자리가 있을 뿐이다. 동아시아 사상에는 삶의 자리 Sitz-im-Leben를 초과하는 초월신적 형이상학이 없다. 천도天道와 인도人道가 이어져 있는 천인합일의 세상에서는 피안이 아닌 삶의 역사가 현실의 전부이지만, 초월신이 주재하는 서양의 사상은 언제나 이데아·(정)신·물物자체·본질·형이상학적 토대를 축으로 구성된다. 베버가 유교적 중국을 비평하는 중에, '현세를 초월하려는 노력이 없는 곳에서는 현세에 대한 자체 중량도 없다'[13]고 한 주장의 현실적 시비是非를 묻지 않더라도, 합리와 경험 이외에 '현세초월욕'에 대한 관심의 유무/정도가 인류의 사상사를 주물한 중요한 단서이자 동기인 점에는 이론이 없을 듯하다.

5. 사상은 정신적 항상성中度을 추구하며, 삶을 더 낫게 살게 하는 매개다

아렌트는 여러 글에서 악惡은 '근본적'이지 않다고 말한다. 비록 곰팡이처럼 널리 퍼져 전 세계를 황폐하게 할 수 있을지라도 말이다. 같은 맥락에서, "생각이란 어떤 깊이에 도달하고 뿌리(근본)로 내려가려는 것이기 때문에 악은 '생각의 중단'이다"[14]라고 주장한다. 생각이 깊어가고 길게 온축하는 중에 특히 악감惡感이 결절하는 경우는 드물다는 점은, 마음에 고유한 자기 정화의 과정을 통해서 잠시 전술한 바 있다. 이런 뜻으로 읽자면 '악은 생각의 중단'이라는 말에 나름 일리가 있다. 그러나 '뿌리'나 '중단'이라는 용어에는 (특히 사상의 형성 과정에 관한 논의에서) 오해의 소지가 있어 조심할 필요가 있다. 뿌리라는 말을 행여 '극단'으로 옮기면 보편성을 추구하는 인류의 사상을 곡해하게 되기 때문이다. 바타유는 어느 글에선가 '가능성의 극단, 극단적 삶, 철학적 극단을 포용치 못하는 철학은 실패한다'고도 했지만, 이 주장의 요점은 극단의 포용에 있지 극단에 머무름이 아니다. 실은 인류의 양심과 공동의 지성에 호소하는 사상은 그 기본에서 '중용中庸'(공자), 혹은 '유무의 양극단二邊을 벗어난 중도中道'(싯다르타)의 형식을 띠기 때문이다.

사상은 뿌리로 향해 그곳에서야 멈추는 것일까, 아니면 결국 스스로 중도中度를 찾아가게 되는 것일까? 사상이 형성되는 운동에서 뿌리(깊이)를 강조하게 되는 것은 대개 시야에서 가려져 있는 뿌리를 경시하는 안이한 태도 탓이지, 그 뿌리 속에 꼭 무슨 숨은 진실이 있기 때문은 아니다. 아니, 어쩌면 사상은 개별적 명제와 달리 애초 '진리'의 문제가 아닌지도 모른다.

인류 보편의 사상은 (가령 칸트의 비판철학에서처럼) '내용성'이 확고한 진리가 아니다. 만약 그렇다면 사상은 몇몇 지식의 다발 속으로 환원되어 고착되고 만다. 사상은 오히려 인간의 조건과 한계를, 그 삶의 형식을, 평화와 자유의 감각을, 가능성과 희망을 품어가는 규제적 길과 같다. 사상은 직절한 진리의 문제라기보다 인간들로 하여금 삶의 여건에 적절하게 응하면서 그 새로운 가능성을 구체적으로 열어주는 문門과도 같다. 사상은 뿌리를 포용하지만 그곳에 집착하지 않는 게, 우리 삶은 어느 하나의 일리一理에만 고착된 게 아니라 수많은 경험을 의미론적으로 통합하려는 과정 일체이기 때문이다.

피아제는 발달심리학 연구를 통해 '동화assimilation와 조절accomodation의 상보 작용에 의한 평형화 과정'을 밝히고 이로써 새로운 인지 구조가 생긴다고 했는데, 사상의 형성도 (더 나은) 삶을 위한 일종의 평형화 과정이다. 생명의 유기적 조직이 생체항상성을 추구하듯 사상도 뿌리들, 즉 양극단을 이해하면서 스스로 챙겨나가는 중도의 지향성, 조절력, 항상성을 유지하는 중에 인간들의 삶에 조응한다. 혹간 이 조응력이 부족해서 어긋나는 틈새의 경험이 축적되면 응당 사상은 새로운 편성과 변화를 모색한다. 인간의 사상은 그 인간이 개입하는 방식의 내적 조건에 의해 보편성을 기하고, 삶의 자리가 변해가는 모습에 응해서 새로운 종합을 얻어간다.

6. 사상과 수행

사상도 인간의 것이고 인간의 개입에 의해 생성되며 변용된다. 그러므로 사상이 '어디'에서 왔느냐고 물으면, 인간의 정신이 (그 '무엇'과) 겹치는 자리 속의 창의성을 지목해도 좋을 듯하다. 법고/창신을 말했지만, 늘 새로운 변화와 창발은 '겹치는 자리'의 몫이다. 그러므로 역시 인간의 생각과 함께mit 생성된 것이지만, 반드시 인간으로부터aus 만 유래하는 것은 아니다. 사상은 인간의 정신진화론 과정에서 정신의 구축물 중 가장 본질적이며 내면적인 현상이다. 인간은 자신의 육체, 그리고 자연(물)과의 긴밀한 상호작용을 통해 의식의 기반을 마련하고 이를 활성화해왔다. 아는 대로 인간만의 고유한 이차적·언어적 의식은 이처럼 외부에 상응하는 방식으로부터 차츰 메타적으로 물러나 이른바 내향적 정교화 과정을 겪는데, 개념이나 이론·사상은 인간의 언어능력에 조응하는 중에 생성되는 마음의 이차적 건축물인 셈이다. '클라우드cloud'는 인터넷을 중계로 컴퓨터 자원에 접근·사용하도록 하는 가상화된 공간인데, 사상도 마음이라는 가상적 공간에서 접근·유용이 가능하고, 공부나 수행 등을 통해 활성화된 마음으로 하여금 일종의 창의적 서버처럼 이용하게 한다.

애초 인간의 정신이 인간의 몸과 상통하는 긴밀한 조응관계 속에서 그 함량과 가능성을 키워왔듯이, 사상도 인간이 자신의 육체를 돌보고 배려하는 수행적 차원과 밀접한 연관을 맺고 있다.

그 모든 창의성이 타자와의 겹침이 주는 계기에 의존하기 때문에 이는 차라리 당연하다. 또한 이것은 소크라테스가 『알키비아테스』에서 말한 (영혼의 정화와 회복을 위한) '자기 배려 epimeleia heautou/take care of himself'만이 아니라 육체 그 자체를 돌보고 그 '큰 자연'(니체) 속에 숨은 가능성을 살피면서 자신(보다 더 큰 자신)을 알아가는 행위를 뜻한다. 이는, 역사적 맥락을 달리해서 말하자면, 도가적 이기주의가 유가적 위기지학爲己之學과 접속하는 지점을 밝히는 과제가 되기도 한다. 약 4억 년 전의 데본기에 어류가 주변 여건에 응하면서, 물과 공기가 '겹치는 자리'를 새로운 터로 삼아 자기 몸을 적용시키는 중에 지느러미가 팔다리로, 아가미가 폐로 변화한 일(틱타알릭 Tiktaalik, 폐어肺魚 등)을 어쩌면 가장 원초적 차원의 '자기 배려'로 해석할 수 있지 않을까. 내 지론처럼, 공부의 범주를 '알기-되기-돕기'의 삼위일체三爲一體로 여기고, 특히 되기를 그 삼자 사이의 통할의 매개로 삼는다면, 자기(몸) 배려를 통한 공부의 몫을 생략할 도리는 없다. 이를 위해서는 인간의 문명과 과학 속에 안정화된 패턴과 이치들이 워낙 죄다 인간의 몸과 그 운신運身에서 출발했다는 사실을 기억할 필요가 있다.

응당 인간의 사상은 인간의 마음이 자기 몸, 운신, 생활과 겹치는 중에 서서히 생성된다. 사상은 그 출발과 귀착점에서 몸(생활)을 배제할 수 없다. 'DNA라는 사상指令은 자연선택에 의해 조립된 것'(도킨스)이듯이, 신체와 정신의 진화는 인간의 생존과 생활, 동화와 변용, 기억의 구심력과 희망의 원심력 사이의 창조적 향상성에 의해서 진행된다. 사상은 마음의 길이며 건축물이지만 바로 그 마음은 몸의 소산이자 동반자이므로 몸을 이해하고 배려하지 않은 채로 사상을 구성하는 것은 불가능하다. 게다가 모든 사상은 인간의, 인간에 의한, 인간을 위한 구성물이므로 인간 생활의 밑절미가 되는 몸이, 그 생활이 곧 사상의 씨앗이 된다. 그리고 이른바 수행이란 자신의 몸과 생활을 구제하려는 일련의 배려와 실천에 다름 아니다.

주註

2장

1. 김영민, 『조각난 지혜로 세상을 마주하다』, 글항아리, 2024, 153쪽.

2. 近藤誠, 『これでもがん治療を続けますか』, 文藝春秋, 2014, 140.

3장

1. 또끄빌, 『구체제와 프랑스 혁명』, 이용재 옮김, 일월서각, 1989, 20쪽.

2. 리처드 로티, 『우연성 아이러니 연대성』, 김동식 외 옮김, 민음사, 1996, 348쪽.

3. Stephen Toulmin, *Return to Reason*, Cambridge, Massachusetts, Havard University Press, 2001, p. 214.

4. Hanna Arendt, *The Human Condition*, Chicago: University of Chicago Press, 1986, p. 127.

5. Stephen Toulmin, *Return to Reason*, Cambrideg, Massachusette: Harvard University Press, 2001, p. 208.

6. 게오르크 짐멜, 『짐멜의 모더니티 읽기』, 김덕영 외 옮김, 새물결, 2005, 187쪽.

7. 한강, 『채식주의자』, 창비, 2007, 43쪽.

4장

1. https://youtu.be/ujvS2K06dg4?si=gfP1Ezh0lfXxWHpt.

2. 라이얼 왓슨, 『초자연: 제1편 우주와 물질』, 박문재 옮김, 인간사, 1992, 47쪽.

3. 다른 글에서도 말한 것처럼 인간의 공부를 정리하자면 두 가지로 대별할 수 있는데, 첫째가 책 읽기이며 나머지는 (다양한 형식의) 집중이다. '마음의 경계를 바꾸는 것'은 후자에 속한다. 이것은 내용보다는 형식의 공부이며 대체로 수행성이 농후하고 감각과 정서의 방해와 교란을 줄여서 이른바 '깨침(자득)'에 이르고자 한다. 마음의 경계를 바꾸는 일은 그릇器 그 자체의 문제이므로 그릇 속에 담길 앎의 내용에 관해서는 당연히 별도의 노동(책 읽기)이 필요하다.

4. 리처드 로티, 『우연성 아이러니 연대성』, 김동식 외 옮김, 민음사, 1996, 38쪽.

5. 가라타니 고진, 『윤리 21』, 송태욱 옮김, 사회평론, 2001, 8, 102쪽.

6. 한나 아렌트, 『인간의 조건』, 이진우 외 옮김, 한길사, 1996, 150쪽.

7. 김영민, 『집중과 영혼』, 글항아리, 2017, 415쪽.

8. 다나베 하지메, 『참회도懺悔道의 철학: 정토진종과 타력철학의 길』, 김승철 옮김, 동연, 2016, 46쪽.

9. 『집중과 영혼』, 4장 '영혼의 길, 혹은 달인과 성인의 변증법'.

10. 자득의 배경을 이루는바, 안팎이 조응하는 사건 속의 상관성, 혹은 겉으로 드러나는 우연성에 관해서는 아직 어떤 합리적인 설명도 없다. 나는 긴 세월 '알면서 모른 체하기'라는 개념과 '에고가 소비한 것은 무의식이 돌아보지 않는다'는 등속의 패턴을 제시하면서 탐색해왔지만, 여태 그 내연內緣에 관한 확실한 해명은 내놓지 못하고 있다. 그러나 마음의 안팎이 계기의 숙성을 통해 서로 합치하면서 정신적 도약(자득)을 이루는 경우, 바로 이 합치/합일을 가능케 하는 원인으로서 어떤 종류의 '정보적(기호/언어적) 감응'을 상상해볼 수는 있을 것이다.

11. 이 개념에 대한 설명과 예증은 여러 글에 흩어져 있지만, 특히 『그림자 없이 빛을 보다』(글항아리, 2023)를 참고할 것.

12. J. S. 아다마르, 『수학 분야에서의 발명의 심리학』, 정계섭 옮김, 범양사출판부, 1989, 37쪽.

13. 『집중과 영혼』, 251쪽.

14. Sri Aurobindo, *On Himself*, Lotus Light Publications, 1972, p. 101.

15. 마틴 제이, 『경험의 노래들』, 신재성 옮김, 글항아리, 2021, 7쪽.

16. 흥미롭게도 임사체험near-death experience을 겪은 이들이 증언하는 바와 같이, 그 과정에서 감각 능력이 놀랍게 향상되고 지각의 속도나 범위가 상상할 수 없을 만치 늘어나며 심지어 시간의 경계를 넘나드는 듯한 경험을 하곤 하는데, 우리의 논의와 비견해서 중요해 보이는 점은 오히려 이러한 인식론적 혁명(?)의 기회를 통해 얻는 것이란 인식의 형식 그 자체의 변화(지각 그 자체의 선명성과 정확도, 그리고 사유의 속도 등)일 뿐이라는 점이다. 다시 말하자면 이런 경험을 통해서 새롭게 획득하는 인생과 우주에 관한 객관적인 지식, 즉 내용이란 것이 전혀 없다는 사실이다. Bruce Greyson, *After: A Doctor Explores What Near-death Experiences Reveal About Life and Beyond*, New York: Saint Martin's Essentials, 2021.

17. "인생의 의미와 운명, 그리고 삶과 죽음의 행로에 적절히 대처하는 식견과 지혜"란 곧 인생관이며 사생관을 가리킨다. 합리적이든 그렇지 않든, 역사 이래로 인생관과 사생관이 없는 공동체와 사회는 없었다. 의미를 지향하는 정신적 존재인 인간은 제 삶과 죽음을 자연사적 물상으로부터 건져내고 거기에 뜻과 가치를 부여하면서 합리적이고 안정적인 세계를 만들어간다. 이를테면 고대 중국의 「월령月令」과 같은 표表도 농가나 국가의 정례적인 행사를 월별로 구별하여 통합한 것인데, 농민의 형이상학과 인생관을 단적으로 드러낸다. "「월령」은 고대 과학과 과학적 외양으로 이루어진 오행五行이라는 형이상학을 기본 틀로 하여 여기에 정령政令, 즉 정치 강령과 사회생활을 연계하여 그들 사이의 내재적 관계를 설정함으로써 우주와 세계, 그리고 문화가 만들어내는 삶의 환경과 그 질서를 설명한다." 여불위, 『여씨춘추: 중국적 실용주의의 기원』, 김근 옮김, 살림, 2005, 58쪽. 조선 말에 유포된 농가월령가農家月令歌는 이 내용을 실용적으로 편역한 것이다.

18. 지적 회심과 종교적 회심을 고루 겪은 조숙한 천재 파스칼(1623~1662)은 '하늘의 아버지가 완전한 것처럼 너희도 완전해야 한다'(「마태복음」 5:48)는 이념 아래 성화聖化의 도상에서 병약한 자신을 스스로 채근한다. 그러면서도 그는 '악惡이 더 이상 범접할 수 없기 때문에 멈추어도 좋을 만한 경지, 더 노력해서 올라가지 않아도 추락할 염려가 없는 경지는 없다'고 말한다. Morris Bishop, *Blaise Pascal*, New York: Dell Publishing Co., Inc., 1966, p. 40.

19. 나는 종교의 가장 큰 문제 중 하나로서 '체계화systematization'를 지적해왔다. 설혹 교조敎祖가 붓다나 예수처럼 그 지혜나 인격에서 동뜨게 훌륭했고 당대의 이웃들에게 희망의 불씨를 지폈다고 해도 그 이후에는 세력을 얻은 추종자들이 도그마적 체계화의 유혹과 함정에서 벗어날 수 없게 된다. I. 월러스틴의 표현대로 '동원'과 '권력

투쟁'의 국면 사이에는 돌이킬 수 없는 오염이 있는 법이다. 문제의 핵심은, 정작 말과 행위로써 이웃을 돕고 감화시켰던 교조의 실력과 인격, 다시 말해 그 종교운동에서 가장 빛나던 순간들은 이 체계화의 틀과 그늘 아래 깡그리 잊힌다는 사실이다. 신자들은 붓다나 예수의 놀랍고 아름다운 모습에 근접할 가능성도 의욕도 없이 그들의 이름을 단 체계와 제도, 전통과 관습에 묶인 채로 순치된다. 탐구도 상상력도 비판도 새로운 도약의 기운도 '체계적으로' 배제된다.

5장

1. 자세한 것은 다음 책을 참고. 김영민, 『그림자 없이 빛을 보다』, 글항아리, 2023.

2. 여불위, 『여씨춘추』, 김근 옮김, 살림, 2005, 243쪽.

3. 이 기회에 과감한 상상을 펼쳐보자면, 침술鍼術이란 사전에 혈자리의 위치를 정확히 파악한 후 그 자리에 침을 찌르는 게 아니다. 거시적 차원의 경험칙에 따르는 화법으로 말하자면 솜씨가 좋은 침술가일수록 그 자리를 직감적으로 알아채게 된다. 그러나 양자역학적으로 말하자면, 혈자리가 있는 곳은 분명하지 않고 마치 원자핵 주변을 돌고 있는 전자의 경우처럼 이곳저곳에 동시적으로, 통계적으로 산란하고 있는 셈인데, 침을 꽂는 행위 자체가 이 가능성의 구름을 현실성의 구멍으로 접어내고 구체화시킨다. 이를테면 침을 꽂는 행위는 일종의 관측observation이자 계측measurement이다. 그리고 찌르기라는 관측자의 외부적 개입에 의해 그 통계적 존재 가능성은 무너져collapsing 하나의 자리로 고정된다.

6장

1. 김범, 『연산군: 그 인간과 시대의 내면』, 글항아리, 2010, 282쪽.

2. 30-50 클럽은 1인당 국민소득 3만 달러 이상이며 인구 5000만 명 이상의 국가를 뜻한다. 2019년 기준 미국, 일본, 독일, 영국, 프랑스, 이탈리아, 한국 7개 국가가 이 클럽에 속해 있다.

3. 조동일은 한문과 한문으로 구성, 전래된 개념들性情理氣을 버리면 우리 철학을 하는 길이 막힌다고 개탄했다. 그는 '재래의 논의를 원래의 용어를 써서 계속하면서 미진한 문제를 다시 다루고 새 시대에 맞는 사고를 도출하면서 그 내용이 서양 철학과 어떻게 같고 다른지를 비교 검토하는 게 최선'이라는 논지를 개진한 바 있다. 조동일, 『우리 학문의 길』, 지식산업사, 1995.

4. 자세한 것은 다음 책을 참고할 것. 서정복, 『살롱문화』, 살림, 2003.

5. Alfred N. Whitehead, *Process and Reality*, New York: Harper & Brothers, 1957, p. 7.

6. 대개 생각이 언어적 과정이라는 사실은 널리 인정된다. '말로 표현할 수 없는 비언어적 직관과 상상'에 대한 경험이나 소문은 넘쳐나지만, 철학과 관련되는 과학적 성취의 주류는, 언어를 사고와 별개로 취급하면서 마치 언어를 사고의 방 속에 임의로 들이거나 뺄 수 있는 제3의 무엇으로 여기는 입장을 부정한다. 하지만 이에 대한 반론도 만만치 않고 그 역사 역시 사뭇 오래되었다. 가령 수리물리학자 펜로즈 경은 수학적 사고의 과정이 비언어적이라는 점을 역설한다. Roger Penrose, *The Emperor's New Mind*, Oxford University Press, 1989, pp. 548-549. 이것은, 수학이 늘 직관의 인도를 받아서 자신의 명료한 보편성을 이룬다는 칸트의 말을 연상시키기도 한다.

7. 이런 문제와 관련해서 역사적 시사점이 될 만한 현상이 이른바 질풍노도Sturm und Drang라 불리는 문화·문학운동의 시기(1765~1785)다. 자본제적 체제의 부작용에 대한 인문학적 안티테제가 될 수 없는 게 느낌의 문화라고 한다면, 계몽주의의 그늘에 대한 생산적인 안티테제가 될 수 없는 게 바로 질풍노도와 같은 격정의 토로인 셈이다. "계몽주의 운동 기간 동안 이어진 모순의 통합 노력은 이렇게 하여 공생활 영역과 사생활 영역을 서로서로 종속시키는 결과를 가져왔다. 이러한 상호관계 속에서 우리는 후기 질풍노도 문학운동에서 나타나듯 국가와 시민층 간의 대립이 심해졌을 때, 사생활 영역 속에 자리 잡은 격정을 무한정 독립시키는 방법으로 국가 질서를 공격했던 현상을 이해할 수 있다. 또 18세기에 사회가 권위주의와 도구적 이성의 비인간성에 깊이 침윤되자 이른바 여성의 감성 능력에 의지하여 정감적인 인간관계와 개인적 행복을 이루어낼 수 있다는 생각으로 이어졌던 흐름도 납득할 수 있다." 이순예, 『민주사회로 가는 독일적 특수경로와 예술』, 길, 2015, 120쪽.

8. 리쩌허우, 『중국철학이 등장할 때가 되었는가?』, 이유진 옮김, 글항아리, 2013, 347쪽.

9. 中野孝次, 『生き方の美學』, 文春新書, 平成 10年, 45.

10. 김지하, 『흰 그늘의 길 1』, 학고재, 2003, 259쪽.

11. 김영민, 『조각난 지혜로 세상을 마주하다』, 글항아리, 2024, 126쪽.

7장

1. 가토 슈이치, 『양의 노래』, 글항아리, 2015, 258쪽.

2. George Eliot, *Middlemarch*, London: Vintage Books, 2009, pp. 37-38.

3. "여인을 사랑하면서 다른 무엇을 하는 것은 어렵다. 일을 이루고 평온히 사랑하려면, 결국 혼인하는 길밖에 없다It is difficult to love a woman and do anything else. To achieve it and to love in comfort and unhampered, the only way is to marry." Leo Tolstoy, *Anna Karenina*, Oxford Uni. Press, 2008, p. 311.

4. 다른 글에서 내가 예시한 누림의 개인적인 경험을 소개한다. "지난 수십 년간 경행經行에 애쓴 덕으로 걸어도 남과 다르게 걷고 앉아도 남다르고, 호흡이 몸을 지나는 방식이 남과 달라, 이를 일러 '누림'이라고 한다. 수십 년간 겉모습의 패턴pattern習을 읽어 그 속을 훔치는 길을 알고자 애썼고, 이로써 너의 얼굴을 가만히 보고 있으면 그 속이 저절로 떠오르는데, 이를 일러 '누림'이라고 한다. 나는 수십 년간 '알면서 모른 체하기'의 기별에 접속하고자 애쓴 덕에 이제 때론 꿈의 정교함이 현실을 넘어가는데, 이를 일러 내가 '느낌이 아닌 누림'이라고 하는 것이다."

5. https://siwff.or.kr/kor/addon/00000002/history_film_view.asp?m_idx=101380&QueryYear=2004.

6. 여불위, 『여씨춘추』, 김근 옮김, 살림, 2005, 127쪽.

7. 윌리엄 존스턴, 『제국의 종말, 지성의 탄생』, 변학수·오용록 외 옮김, 글항아리, 2008, 194쪽.

8. *Middlemarch*, op. cit., p. 47. "여성의 위대한 매력은 열렬한 자기희생적 사랑의 능력이며, 여기에서 우리 남자들은 우리 자신의 존재를 원만하게 만들고 완성시켜주는 여성의 소양을 봅니다"라며 사랑에 빠진 한 남자는 자신도 모르게unawares 숨은 진실의 한 꼬투리를 발설하고 만다.

9. 김진송, 『서울에 딴스홀을 許하라』, 현실문화, 1999, 202쪽 이하.

10. 알렉스 커는 일본 문화의 두 축을 관능성과 형식미로서 대별하는데, 모든 사회가 그 나름의 균형과 중용을 요구하지만 특히 이것들은 일본식 소재와 태도를 통해 압축적으로 표현된 것이다. 알렉스 커, 『사라진 일본』, 윤영수 외 옮김, 글항아리, 2024, 91쪽. 관능은 대개 형식을 잃는 법이고, 형식은 예술가의 영혼만이 아니라 관능마저 메마르게 할 법하지만, 마치 과거와 현재를 절묘하게 겹쳐 배치하는 일본식 법고창신과 마찬가지로 이 둘은 외려 상부相扶하면서 균형을 이룬다. 나는 이런 장소감과 에스프리esprit가 소수의 명기名妓들이 배설한 장소와 관계 속에서 확인되었을 것이라고 본다.

11. 김진송, 같은 책, 219쪽.

12. 이후의 묘사는 아래의 책을 참고해서 재구성했다. 서정복, 『살롱문화』, 살림, 2003.

13. 발터 벤야민, 『일방통행로』, 조형준 옮김, 새물결, 2007, 80쪽.

14. Jared Diamond, *Guns, Germs, and Steel*, New York: W.W. Norton & Company, 1999, p. 154.

8장

1. 가령 이런 식이다. "우리는 말言을 타고 하늘나라 하느님께로 가야 한다······ 말言의 뜻이 풀릴 때 말馬을 탈 수 있다." 박영호, 『다석전기』, 교양인, 2012, 49쪽.

2. 김애란, 『안녕이라 그랬어』, 문학동네, 2025.

3. G. W. Leibniz, *Discourse on Metaphysics*, G. Montgomery(tr.), La Saville Illinois: Open Court Publishing Company, 1990, p. 19. "각 사람의 개인적 개념이 그에게 일어날 수 있는 그 모든 일을 단번에 포괄하고 있듯이, 그 속에는 각 사건의 실재에 대한 증거와 이유, 그리고 왜 그 사건이 그 시점에 발생했는가에 대한 증거와 이유도 선험적으로 들어 있다."

4. 이런 식의 '겹침'으로서 물리계의 근본 단위를 설명하는 현상 중 하나가 이른바 '양자 겹침quantum superposition'이다. "입자들(의 운동)은 각각 개별적인 묘사에 적합하지 않다. 이것을 묘사할 때는 이들 입자 전부에 관한 대안적인 배열의 '복잡한 겹침complicated superpositions'으로서 고려되어야만 한다." Roger Penrose, *The Emperor's New Mind*, Oxford University Press, 1989, p. 294. 한편 소위 숭고에 관한 논의 중에 사례의 하나로서 흔히 등장하는 프랙털 기하학 역시 이와 같은 객관적 복잡성을 잘 드러낸다. 그중에서도 만델브로트 집합이 유명하다.

5. 인간성과 서사성의 관계를 다룬 논의는 부지기수이므로 여기서 굳이 상설하지 않는다. 다만 논의의 새로운 자원을 검토하는 의미에서, 다소 뜻밖이지만 라이프니츠의 형이상학에서 핵심 부분이 되는 모나드의 인식론을 거론해봄 직하다. 그에 의하면 모든 모나드는 인식의 기능을 갖는데, 그 근본적 형식은 '잡다하게 많은 것을 하나 속에 표상(표현)하는 것'이다. 아는 대로 인간의 의식은 기본적으로 종합과 해석의 기능에 쏠려 있고, 이는 결국 잡다한 현상·사태를 추려서 하나의 이야기를 엮어내는 과정이기 때문이다. Maria Rosa Antognazza, *Leibniz*, Oxford University Press, pp. 92-97.

6. 김영민, 『인간의 글쓰기, 혹은 글쓰기 너머의 인간』, 글항아리, 2020, 33쪽. 이후 본

문에서는 『글쓰기』로 약칭.

7. 버지니아 울프, 『WHY』, 정미현 옮김, 이소노미아, 2018, 29쪽.

8. 뉴욕대학 물리학과 교수인 앨런 소칼은 1996년 포스트모더니즘 계열의 진보적 좌파의 '학문성'을 허물어뜨리기 위해 가짜 논문('Transgressing the Boundaries: Toward a Transformative Hermeneutics of Quantum Gravity', 양자 중력의 변형적 해석학을 위하여) 한 편을 작성해서 역시 포스트모던 계열의 진보적 학술지인 『소셜 텍스트』에 게재했다. 소칼은 게재 당일 곧바로 학술지 『링구아 프랑카』에 이 사실('전문 용어나 참고문헌을 자기 입맛에 맞게 해석하고 장황한 인용을 거쳐 뻔한 헛소리들을 가장 멍청한 수학과 과학의 결과에 넣고 마구 뒤섞어서 만든 가짜 논문')을 폭로했다. 이어 소칼은 연이은 논쟁을 정리하고 자신의 입장을 밝히고자 1997년 『멋진 헛소리: 포스트모던 지식인들의 과학적 오용Fashionable Nonsense: Postmodern Intellectuals' Abuse of Science』(국내에는 『지적 사기』로 번역됨)을 출간했다. 그는 '포스트 모더니스트' 혹은 과학을 '극단적으로 오용한' 진보적 지식인으로서 자크 라캉, 쥘리아 크리스테바, 뤼스 이리가레, 장 보드리야르, 질 들뢰즈와 펠릭스 가타리, 폴 비릴리오 등 소위 '프랑스 이론가'들, 그리고 과학을 '미묘한 방식'으로 오용하는 브뤼노 라투르 등의 과학사학자, 과학사회학자, 과학철학자들로 나누어서 비판하고 있다.

9. 스에키 후미히코, 『일본 사상사』, 김수희 옮김, AK, 2022, 228쪽.

10. 내가 글쓰기를 하는 중에 근자에 실천하고 있는 소소한 묶음의 사례 하나는, 한때 내가 애용했던 문장형식인 '……라는 것이다'를 없애는 노력이다. 수개월 지속하고 있는 실천인데, 비록 별스럽지 않지만, 묶고서야 새롭게 열리는 다른 계발의 지평을 맛보는 체험이 있었다.

11. 이순예 외, 『처음 읽는 독일 현대철학』, 동녘, 2013, 239쪽.

12. 李東陽, 『懷麓堂詩話』. 다음에서 재인용. 리쩌허우, 『미의 역정』, 글항아리, 2021, 121쪽.

13. 김애란, 『바깥은 여름』, 문학동네, 2017.

14. 르네 지라르, 『낭만적 거짓과 소설적 진실』, 김치수 외 옮김, 한길사, 2004, 167쪽.

15. 윤노빈, 「언어와 사상, 언어상대성 이론에 대한 비판적 고찰」, 『철학연구』(1973/12), 154쪽.

16. 테오도어 아도르노, 『미니마 모랄리아』, 김유동 옮김, 길, 2005, 117쪽.

17. 제럴드 에덜먼, 『뇌는 하늘보다 넓다』, 김한영 옮김, 해나무, 2014, 118쪽.

18. Bruce Greyson, *After*, New York: Saint Martin's Essentials, 2021, p. 131.

19. 카터 핍스, 『인간은 무엇이 되려고 하는가』, 이진영 옮김, 김영사, 2016, 362~363쪽.

20. 자크 엘루, 『기술의 역사』, 박광덕 옮김, 한울, 1996, 12쪽.

21. 장자크 루소, 『언어 기원에 관한 시론』, 주경복 외 옮김, 책세상, 2002, 197쪽.

22. Roland Barthes, *The Pleasure of the text*, R. Miller(tr.), New York: Hill & Wang, 1975, p. 27.

23. Antonio Damasio, *Feeling and Knowing: Making Minds Conscious*, New York: Pantheon Books, 2021, p. 145.

24. 같은 책, p. 127.

25. 김영민, 『손가락으로, 손가락에서』, 민음사, 1998.

26. *The Emperor's New Mind*, op. cit., p. 532.

27. 같은 책, p. 533.

28. 리하르트 반 뒬멘, 『개인의 발견』, 최윤영 옮김, 현실문화연구, 2007, 167~168쪽.

9장

1. 여기서 특히 '길게' 품어가야 한다는 점에 주목할 필요가 있다. '아직은 아무것도 아닌' 생각이 사상으로 변화하려면 시간성의 여러 곡절을 발효시키는 마음의 자리가 충분히 활성화되어야 하기 때문이다. 운동선수나 여타 연기·연주자들이 경기·경연에 임하기 전에 노하우know-how식의 장기 기억 상태 속에 안정화되어 있는 기량을 충분히 이끌어내기 위해서는 몸을 풀어주면서warming-up 준비하는 것과 마찬가지다. 비유적으로 말하자면, 무의식을 늘 데워진 상태에 두어야만 의식은 이미 활성화되어 있는 무의식에 접속하기 쉬워진다. 단편적이며 순간적인 생각의 산란은 아무런 공부가 아니지만 포란抱卵하듯 생각을 품고, 그 생각에 응하는 마음의 자리를 쉼 없이 활성화activation 하는 곳에 사상의 씨앗이 잉태하는데, 이를 내 말로 고치자면 '알면서 모른 체하기'이며 일반적으로는 '생각하고 생각하면 귀신이 통하게 한다思之思之鬼神通之'는 말이기도 하다. '정신은 자란다'는 게 내 공부론의 첫째가는 요의要義라면 응당 생각은 다루고 놀리기에 따라 익어갈 수밖에 없다. '엉뚱한' 생각을 길게 품는 힘으로써 마음의 변경까지 밀고 나가 그 너머를 단숨에 엿보는 게 이른바 화두

선화頭禪의 요령이라면, '적절한' 생각을 길게 품는 힘으로써 그 씨앗이 나무가 되도록 차분하고 알뜰하게 보양하는 게 사상의 요령이다.

2. Martin Buber, *I and Thou*, Walter Kaufmann(tr.), New York: Charles Scribner's Sons, 1970, p. 80.

3. 김애란, 『바깥은 여름』, 문학동네, 2017, 214쪽.

4. 크레인 브린턴, 『서양사상의 역사』, 최명관 옮김, 을유문화사, 1984, 23쪽.

5. 자세한 취지는 다음의 책을 참고. 김영민, 『그림자 없이 빛을 보다』, 글항아리, 2023.

6. 김영민, 『조각난 지혜로 세상을 마주하다』, 글항아리, 2024, 163~165쪽.

7. 김영민, 『서양철학사의 구조와 과학』, 은익, 1992.

8. G. W. Leibniz, *Theodizee* (1710), l, 8.

9. 이순예, 『민주사회로 가는 독일적 특수경로와 예술』, 길, 2015, 41쪽.

10. 바흐, 헨델, 베토벤, 칸트, 훔볼트, 헤겔, 실러, 그리고 괴테의 땅에서 마침내 가장 끔찍한 형태의 파시즘이 발흥했다는 사실은 실로 기이한 역사의 아이러니이지만 그 정치사회적 배경에는 나름의 이치가 명백하다. 자유주의적 변혁의 길을 예비하지 못한 독일에서 지식인, 예술가들은 혁명(1789) 전야의 프랑스 지식인들과는 달리 "관념의 세계로 비상하는 길"을 택했다. 이순예(앞의 책), 111쪽. 재야의 계몽주의자 지식인이었던 볼테르나 디드로 달랑베르와 달리 칸트와 헤겔은 상아탑 속에서 거대한 사유의 건축술을 구가했다. 훗날 하이데거가 '공산주의적 전체주의로부터 독일과 유럽을 구하기 위해서' 나치에 동조했다고 했지만, 당시의 우파들은 제2인터내셔널(1889~1914)과 소비에트 혁명 이후에 전 세계적으로 세력을 넓히고 있었던 좌파에 대한 불안과 적대감을 키우고 있었고, 히틀러나 무솔리니의 파시즘은 이러한 지정학적 사태를 권력 찬탈의 목적으로 오용했다. 국가의 재원 전체를 쥐락펴락하던 당시의 독점 자본은, 말하자면 '나치냐 적화赤化냐' 하는 이분법을 강요하는 국민적 선택에서 정치적 여리꾼의 역할을 한 셈이다. 이와 관련해서, 일본의 파시즘이 독일이나 이탈리아와는 달리 (부르주아 민주주의 혁명이 없었다거나 좌파의 위협을 경계했다는 공통의 사실은 굳이 말할 필요조차 없지만) 국민적지지 기반이 빈약한 '위로부터의 파시즘'이었다는 점을 명기할 필요가 있다. "요컨대 일본에는 시민 민주주의 혁명이 없었다는 사실이 파시즘 운동에서 이러한 성격을 규정하고 있다고 말할 수 있다⋯⋯ 일본의 정당이 민주주의의 챔피언도 아니고 일찍부터 전체주의 체제와 타협하고 유착하여 '외견적 입헌제'를 감수한 존재였기 때문에 일본에서는 밑으로부터의 파시즘

혁명을 필요로 하지 않고 명치 이래의 절대주의적·과두적 체제가 그대로 파시즘 체제로 이행할 수 있었던 것이다." 마루야마 마사오, 「일본 파시즘의 사상과 운동」, 『일본현대사의 구조』, 차기벽 외 편, 한길사, 1983, 321쪽.

11. 김영민, 『세속의 어긋남과 어긋냄의 인문학』, 글항아리, 2011.

12. 리쩌허우, 『비판철학의 비판: 칸트와 마르스크의 교차적 읽기』, 피경훈 옮김, 문학동네, 2017, 18쪽.

13. 막스 베버, 『유교와 도교』, 이상률 옮김, 문예출판사, 2003. 특히 결론인 '유교와 퓨리터니즘'을 참고할 것.

14. Hanna Arendt, *The Jew as Pariah*, New York: The Grove Press, 1978, p. 251.

찾아보기

ㄱ

가다머, 한스게오르크 Gadamer, Hans-Georg 33, 36, 38~39, 41, 44, 46, 51, 162, 226~227, 230
갈릴레이, 갈릴레오 Galilei, Galileo 46, 92, 202
갤브레이스, 로버트 Galbraith, Robert 188
「거미줄 蜘蛛の糸」 81
『경쟁 교육은 야만이다』 159
곤도 마코토 近藤誠 41
골드버그, 헨리 Goldberg, Henry 164
『공부론』 95
공자 孔子 21, 49, 60, 66, 84, 101~102, 104, 106~107, 120, 122, 236
『과정과 실재』 201
『구체제와 프랑스혁명』 58
『그림자 없이 빛을 보다』 137
기어츠, 클리퍼드 Geertz, Clifford 217
김경종 72
김대중 74~75, 77~81, 156
김애란 201, 210, 227
김지하 22

ㄴ

노무현 71, 74~75, 78~79
『노자』 103, 186
노태우 73, 75, 157
『논어』 60, 106
『논어집주 論語集註』 106
니부어, 라인홀드 Niebuhr, Reinhold 18
니체, 프리드리히 Nietzsche, Friedrich 33, 39, 61, 141, 162, 201, 204, 214, 223, 235, 240
『니코마코스 윤리학』 60

ㄷ

데카르트, 르네 Descartes, René 92, 105
도킨스, 리처드 Dawkins, Richard 177, 240
듀이, 존 Dewey, John 33, 194
들뢰즈, 질 Deleuze, Gilles 127, 134, 167

ㄹ
라이프니츠, 고트프리트 빌헬름 폰Leibniz, Gottfried Wilhelm von 92, 137, 177, 201
라캉, 자크Lacan, Jaques 45
레비스트로스, 클로드Lévi-Strauss, Claude 107
로크, 존Locke, John 233
로티, 리처드Rorty, Richard 100
룩셈부르크, 로자Luxemburg, Rosa 184
리쩌허우李澤厚 22, 160, 225
리키, R. E.Leakey, Richard Erskine 96

ㅁ
마르쿠스 아우렐리우스Marcus Aurelius 116
마르크스, 카를Marx, Karl 13~14, 127
『맹자』100
멩겔레, 요제프Mengele, Josef 42

ㅂ
박근혜 55, 69, 73, 75, 78, 81~83, 157
박정희 69, 73~75, 138, 157
『방법서설』105
『백수여음白首餘音』72
『법화경』100~101
베르그송, 앙리Bergson, Henri 177
베버, 막스Weber, Max 14, 72, 158, 162, 235
벤야민, 발터Benjamin, Walter 206, 219
『변명은 슬프다』194
브린턴, 클래런스 C.Brinton, Clarence C. 230
블랑쇼, 모리스Blanchot, Maurice 212, 218
블룸, 해럴드Bloom, Harold 49
비트겐슈타인, 루트비히Wittgenstein, Ludwig 33, 43

ㅅ
사이드, 에드워드Said, Edward 172
샤르댕, 피에르 테야르 드Chardin, Pierre Teilhard de 120, 177
성혼成渾 79
셀러스, 윌프리드Sellars, Wilfrid 39
소크라테스Socrates 101~102, 104~105, 120, 122, 145, 200, 240
『소크라테스의 변명』104~105
손택, 수전Sontag, Susan 35, 46
「쇠와 살」72
스피노자, 바뤼흐Spinoza, Baruch 92, 120, 177

ㅇ
아도르노, 테오도어Adorno, Theodor 35, 160, 212
아렌트, 한나Arendt, Hannah 48, 63, 66, 132, 216, 236
아리스토텔레스Aristoteles 60, 139
아쿠타가와 류노스케芥川龍之介 81
「안녕이라 그랬어」201
에덜먼, 제럴드Edelman, Gerald 136, 207, 213, 231
에이거스, 데이비드 B.Agus, David B. 38
엘리아스, 노르베르트Elias, Norbert 217
여운형 79
연산군 153, 155~156
『예언자』194

오모리 다쓰시大森立嗣 23
왕희지王羲之 109~111
윤석열 46, 55, 69, 73, 75~76, 78, 83~84, 153~155, 157~158, 160, 162, 165
융, 카를 구스타프 Jung, Carl Gustav 138, 226
이승만 55, 69~74, 76, 155~157, 162
이재명 74
『인간의 글쓰기, 혹은 글쓰기 너머의 인간』 103
「일일시호일日日是好日」 23, 27
「입동」 210

ㅈ

전두환 55, 69, 73~74, 76~78, 156~157
『조각난 지혜로 세상을 마주하다』 99, 121
지젝, 슬라보이 Žižek, Slavoj 44, 76
진순신陳舜臣 62
『집중과 영혼』 132

ㅊ

『차마, 깨칠 뻔하였다』 102
『채식주의자』 79

ㅋ

칸트, 이마누엘 Kant, Immanuel 41, 120, 127, 168, 209, 216, 230, 233~235, 237

ㅌ

토크빌, 알렉시 드 Tocqueville, Alexis de 58~59
툴민, 스티븐 Toulmin, Stephen 65

ㅍ

『파우스트』 150
펜로즈, 로저 Penrose, Roger 92, 216
포이어바흐, 루트비히 Feuerbach, Ludwig 98
푸엔테스, 안젤리카 Fuentes, Angélica 180
푸코, 미셸 Foucault, Michel 38
플라톤 Platon 92, 95, 105, 233
피아제, 장 Piaget, Jean 237
피히테, 요한 고틀리프 Fichte, Johann Gottlieb 234

ㅎ

하버마스, 위르겐 Habermas, Jürgen 36, 41, 160
하이데거, 마르틴 Heidegger, Martin 13, 33, 41, 46, 199, 214, 218, 225, 227~228
한강 79
함석헌 195, 223
헤겔, 게오르크 Hegel, Georg 40, 96, 127, 133, 163, 166, 209, 211, 219, 235
현기영 72
호네트, 악셀 Honneth, Axel 33, 41
화이트헤드, 앨프리드 노스 Whitehead, Alfred North 135, 201
후설, 에드문트 Husserl, Edmund 45
후쿠야마, 프랜시스 Fukuyama, Francis 66

한국적 교양의 실패와 여자들의 공부론

초판인쇄 2025년 11월 10일
초판발행 2025년 11월 17일

지은이 김영민
펴낸이 강성민 이은혜
마케팅 정민호 박치우 한민아 이민경 박진희 황승현 김경언
브랜딩 함유지 박민재 이송이 박다솔 조다현 김하연 이준희
제작 강신은 김동욱 이순호

펴낸곳 (주)글항아리 | 출판등록 2009년 1월 19일 제406-2009-000002호

주소 경기도 파주시 문발로 214-12, 4층
전자우편 bookpot@hanmail.net
전화번호 031-955-2689(마케팅) 031-941-5161(편집부)

ISBN 979-11-6909-445-0 03100

이 책의 판권은 지은이와 글항아리에 있습니다.
이 책 내용의 전부 또는 일부를 재사용하려면 반드시 양측의 서면 동의를 받아야 합니다.

잘못된 책은 구입하신 서점에서 교환해드립니다.
기타 교환 문의 031-955-2661, 3580

www.geulhangari.com